ASHITA, HERB WO UEYOU 'SHOKUBUTSU NO CHIKARA DE KAZOKU WO MAMORU'
© MARI YAMAMOTO 2020

Originally published in Japan in 2020 by MITSUMURA SUIKO SHOIN PUBLISHING CO.,LTD.,KYOTO.
translation rights arranged with MITSUMURA SUIKO SHOIN PUBLISHING CO.,LTD.,KYOTO,
through TOHAN CORPORATION, TOKYO and Enters Korea Co.,Ltd., SEOUL.

이 책의 한국어판 저작권은 (주)엔터스코리아를 통해 저작권자와 독점 계약한 리스컴에 있습니다.
저작권법에 의하여 한국 내에서 보호를 받는 저작물이므로 무단전재와 무단복제를 금합니다.

오늘, 허브를 심자

허브
와 함께하는
생활

야마모토 마리 지음

Prologue

여러분은 '허브' 하면 어떤 게 떠오르나요? 자연, 세련됨, 향신료 같은 게 떠오를지도 모르겠네요. 그런데 저는 그리 세련되지도 않고, 다른 나라에서 살아본 적도 없습니다. 시골에서 동료들과 같이 유기농법으로 허브와 쌀, 채소를 기르며 살고 있어 허브와 늘 함께할 뿐입니다.

허브는 활용법만 익히면 차와 향신료뿐 아니라 쓰임새가 많아요. 우리 몸과 피부를 건강하게 하고, 청결을 유지하는 데도 도움이 되죠. 의약품도 허브 같은 약초에서 유효성분을 뽑아내 합성한 것이 시초였어요. 이 책에서는 키우기 쉽고 활용하기 좋은 허브 8가지를 골라 기본 지식과 기술, 다음 해까지 잘 키울 수 있는 재배 방법을 소개합니다. 우선 두세 가지만 직접 키워보며 다양하게 활용해보세요.

면역력을 높이거나 가정에서 실천할 수 있는 건강법을 찾을 때 허브가 늘 힌트를 주었어요. 이 책이 여러분에게도 힌트가 되었으면 해요. 식물이 우리 몸에 도움을 줄 수 있다는 것을 배우고, 가까이 있는 식물을 잘 응용해 자신의 것으로 만들기 바랍니다.

식물이 자라는 화분이나 밭은 하나의 작은 생태계예요. 흙에는 미생물이, 꽃과 잎에는 벌과 나비, 거미가 찾아듭니다. 식물이 싱싱하게 자라나는 모습을 보면 소리 없는 강인함과 아름다움을 느끼고, 자연과 환경에 대해 깊이 생각하게 돼요. 식물을 기르고 활용하다 보면 키워본 사람만이 알 수 있는 발견과 기쁨이 있습니다. 꼭 그 즐거움을 느껴보세요.

야마모토 마리

Contents

- 6   프롤로그
- 10   이 책이 말하는 허브

Lesson 1
8가지 허브의 특징과 기르기

- 16   8가지 허브를 소개합니다
- 18   1 로즈메리
- 20   2 타임
- 22   3 세이지
- 24   4 카렌듈라
- 26   5 민트
- 28   6 레몬밤
- 30   7 바질
- 32   8 딜
- 34   허브 기르는 법
- 48   드라이 허브 만드는 법
- 52   허브차 끓이는 법

Lesson 2
허브의 6가지 가공법

- 58   1 침출액
- 60   2 달이기
- 62   3 팅크제
- 66   4 침출유
- 70   침출유 활용법 – 허브 밤
- 72   5 습포(찜질)
- 74   6 패치

Lesson 3
일상의 건강관리

- 80   감기·감염증 예방
- 82   아플 때의 관리
- 84   호흡기 증상 완화
- 88   소화기 증상 완화
- 90   가벼운 화상 치료
- 91   불면증 개선
- 92   여성의 건강관리

Lesson 4
생활 속의 허브

- 98   여름철 피부 관리
- 102   가족의 헤어 관리
- 104   허브 크래프트
- 106   향기를 즐기는 소품들
- 110   허브로 청소하기

Lesson 5
미용 관리와 힐링

- 116 기초 피부 관리
- 120 보습
- 124 페이셜 스팀
- 124 칙칙한 피부 관리
- 126 욕실에서 하는 피부 관리
- 130 몸매 관리

Lesson 6
요리에 활용하기

- 136 1 로즈메리
- 138 2 타임
- 140 3 세이지
- 142 4 민트
- 144 5 레몬밤
- 146 6 딜
- 148 7 카렌듈라
- 149 8 바질
- 150 간단하게 만드는 허브 양념

오고토 허브 가든 이야기

- 152 오미 오고토 허브 가든, 이런 곳입니다
- 156 다양한 체험, 토요일 시장
- 158 유기농을 배우는 시간, 농사짓는 날
- 160 오미 오고토 허브 가든의 일상

+ Plus page

- 76   에센셜 오일을 활용하면 허브 생활이 더 다양하고 즐거워져요
- 94   늘 먹는 채소를 이용한 피토테라피
- 132 에너지 충전! 간단한 허브 음료

이 책이 말하는 허브

1 직접 키워 수확하니 즐거워요

허브를 직접 키워보세요. 여러해살이식물인 허브는 매년 새로 심을 필요가 없어 간단하고 경제적이에요. 게으른 사람에게도 추천합니다. 장소는 정원이든 베란다든 실내든 상관없어요. 저는 15년 넘게 베란다에서 허브를 키워왔습니다. 식물은 말은 못 하지만 기르는 사람의 기분을 민감하게 느껴서 정성껏 돌보면 건강하게 자라요. 수확도 오랫동안 많이 할 수 있죠. 최근에는 정원을 가꾸며 흙 속의 박테리아나 균류를 만지는 것이 면역력 향상과 정신 안정에도 도움 된다는 사실이 알려졌습니다.

2 요리, 건강 등 다양하게 활용할 수 있어요

키운 허브를 수확해 건강, 미용, 요리 등 다양한 용도로 활용해보세요. 신선한 허브는 요리나 실내 장식 정도에 사용하고, 그 외에는 말려서 쓰면 좋아요. 말리면 약효가 응축돼요. 우선은 기본 방법을 완전히 익히세요. 최대한 알차게 이용하는 것이 허브를 일상에 잘 활용하는 방법입니다.

3

우선 몇 종류만 조금씩 사용해보세요

온갖 허브가 소개되는 요즘, 도대체 어느 것을 사야 할지, 다 있어야 할지 고민되는 사람도 많을 것입니다. 허브는 인공적으로 개발된 약과 달리, 여러 유효성분을 지닌 하나의 생명체예요. 몸과 마음이 불편할 때 도움이 됩니다. 우선 몇 종류의 허브만으로 충분해요. 허브의 종류와 양도 스스로 조절할 수 있으니 여러 상황에 안심하고 활용해보세요.

4

생활습관 개선도 함께 해야 효과 있어요

기대한 만큼 효과가 없다고 생각하는 것이 허브 기르기를 포기하는 이유 중 하나입니다. '책에는 두통에 좋다, 불면증에 좋다고 쓰여 있는데…'라고 생각할 수 있지만, 이건 책이나 지식을 맹신하는 거예요. 허브는 다양한 성분이 복합적으로 작용해 효과를 내요. 체질도 생활습관도 다른 사람들이 같은 것을 사용한다고 해서 같은 효과를 얻을 수는 없어요. 생활습관을 개선하는 노력도 함께 해보세요. 조금씩 몸의 변화를 느끼게 될 것입니다.

5 채소도 잡초도 모두 허브예요

허브를 어떻게 정의할까요? 생활에 도움을 주는 식물이 허브라고 생각합니다. 서양의 로즈메리나 타임뿐만 아니라 소엽, 초피나무 같은 향초와 어성초, 작약 등의 한약재에도, 겨우내 쌓인 독소를 배출하는 봄의 산나물에도 우리 몸에 유용한 성분들이 많이 숨겨져 있어요. 채소는 물론 잡초라고 여기는 쇠뜨기풀, 들판에 흔한 냉이도 마찬가지고요. 이것들을 잡초라고 생각할지, 자연의 선물이라고 생각할지는 여러분의 몫입니다.

6 여러 허브를 번갈아 사용하면 좋아요

어떤 목적을 가지고 허브를 사용하는 경우, 같은 허브를 계속 쓰면 점점 몸에 익숙해져 효과가 약해져요. 이럴 때 몇 달 단위로 허브를 바꾸면 신선한 효과를 얻을 수 있어요. 가능하면 서너 가지 허브를 같이 키우는 것을 추천합니다. 일상에 도움 되는 허브가 다양하면 든든하겠지요.

아직
다 알지 못하는
―――――――
식물의 힘

생물이 만들어내는 대사산물(성분)의 총체를 대사체(metabolome)라고 해요. 한 종류의 식물이 수천 개의 대사체를 만들어냅니다. 나라 첨단과학기술대학의 카나야 시게히코 교수에 의하면, 한 종류의 식물이 가지고 있는 독특한 성분은 평균 4.7개이고, 지구상의 식물이 22만~26만 종이라고 알려져 있으니, 최소 100만 개 정도의 식물 고유 성분이 있는 셈입니다.

그중 90%는 아직 연구가 이루어지지 않아 알려지지 않았어요. 이중에 의학에서 유용하게 쓸 수 있는 것이 많이 있을지도 모릅니다. 지금의 지식만으로 허브가 가지고 있는 가능성과 활용법을 제한하는 것은 너무 아까운 일이예요. 여러분의 감각을 살려 눈앞에 있는 허브를 활용해보세요. 어쩌면 세상에 아직 알려지지 않은 성분을 발견할지도 모릅니다.

Lesson 1

8가지 허브의 특징과 기르기

직접 씨앗을 심고 모종을 길러서 쓸 수 있는 허브. 수많은 허브 중에서 초심자가 키우기 쉽고 사용하기 편한 허브 8가지를 소개합니다. 우선 이중에서 몇 가지만 골라보세요. 많이 수확할 수 있는 팁과 오래 키울 수 있는 재배 요령도 알려줍니다.

어느 것부터 키울까?
8가지 허브를 소개합니다

8가지 허브를 특징과 효능으로 나누었어요.
각각의 자세한 내용은 p.18에서 소개합니다.

타임

세이지

Type 1
키우기 쉽고 활용도 높은 허브

처음 허브를 키운다면 타임, 세이지, 로즈메리 등 꿀풀과의 3가지 중에서 선택하기를 추천합니다. 키우기 쉬운 데다 모두 키가 작고 한 번 뿌리내리면 잘 시들지 않아요. 벌레도 잘 생기지 않죠. 향기도 좋고 요리, 차, 미용, 리스 만들기 등 다양하게 활용할 수 있어요. 특히 노화를 예방하는 항산화 물질인 꿀풀과 특유의 타닌이 풍부합니다. 하나만이라도 꼭 키워보세요. 피부와 몸의 변화를 느낄 수 있을 것입니다.

로즈메리

Type 2
차로도, 화장품으로도 쓰기 좋은 허브

다음으로 추천하고 싶은 것은 역시 키워서 활용하기 쉬운 꿀풀과의 민트와 레몬밤, 국화과의 카렌듈라입니다. 민트와 레몬밤은 허브차의 기본이에요. 단독으로 우려도 좋고, 다른 것과 섞어도 맛있게 즐길 수 있어요. 이 두 허브는 여러해살이식물이기 때문에 잘 재배하면 매년 수확할 수 있습니다.

한편 카렌듈라는 한해 혹은 두해살이식물이에요. 꽃이 지고 나서 씨앗도 수확해보세요. 오렌지색 꽃은 피부 건강과 림프 순환에 효과가 좋답니다. 한 번 키우면 손에서 놓을 수 없어요.

Type 3
요리하기 좋아하는 사람에게 추천하는 허브

미나리과의 딜, 꿀풀과의 바질은 모두 한해살이식물로, 카렌듈라와 같이 꽃이 지고 나서 씨앗을 수확하는 작업도 즐길 수 있습니다. 둘 다 향기롭고 맛있으며, 잎이 부드러워 익히지 않고 날로 먹는 요리에 어울려요. 진정 효과나 면역력 향상도 기대할 수 있고, 씨앗에 약효가 있습니다. 알수록 그 깊이를 더해가는 허브들이에요.

로즈메리

1년 내내 두루두루, 젊어지는 허브

분류
꿀풀과 로즈메리속
1년 내내 푸른 키 작은 나무

학명
Rosmarinus officinalis

사용 부위
잎, 꽃

주성분
로즈마린산, 페놀산,
플라보노이드, 타닌 등

효능
냄새 제거, 항균, 항산화,
혈액순환 촉진, 피부 수렴

꽃

말린 잎

▼
건강관리 p.82, p.84-89
일상생활 팁 p.98-103, p.105
미용 p.70, p.116, p.125, p.127
요리 p.136, p.151

이런 특징이 있어요

지중해 연안이 원산지인 로즈메리는 바다를 향해 피는 작고 푸른 꽃에서 유래된 '바다 물방울'이라는 뜻의 학명을 가지고 있습니다. 기원전부터 약용식물로 알려졌으며, 공기를 정화하고 기억력과 집중력을 높이기 위해 이용되어왔어요. 항산화작용이 매우 강하고, 최근에는 노인성 치매 개선에 효과가 있다는 연구 발표가 있었어요. '젊어지는 허브'라고 불리는 것은 이 때문입니다.
성장할수록 풀 냄새는 줄어들고 향기와 맛이 풍부해지는 매력이 있어요. 겨울 잎은 특히 향기로워서 사계절 내내 생활 전반에 활용할 수 있답니다. 저절로 땅에 떨어진 씨앗이 한 그루가 되는 경우는 그리 많지 않지만, 꺾꽂이를 하면 뿌리가 잘 내립니다. 건강한 모종을 구입해서 늘려보세요.

이렇게 사용해요

혈행 촉진, 항균작용이 있어 성분을 우려낸 팅크제(p.62)를 항상 준비해두면 평소 건강관리에 도움이 됩니다. 희석해서 가글액으로 사용해도 좋고, 몸이 차 냉기가 걱정되면 그대로 마셔도 좋아요. 노화 방지와 피부 수렴 효과가 있어 화장수(p.116)나 밤(p.70)을 직접 만들어보는 것도 추천해요. 허브의 포기가 커지면 수확량도 늘기 때문에 허브 목욕(p.126)도 꼭 해보기 바랍니다. 장뇌를 연상시키는 시원한 향기를 즐길 수 있어 치유 효과도 탁월합니다. 선물할 때 로즈메리 한 줄기를 곁들여보세요. 차나 요리에 사용하고 꺾꽂이도 할 수 있다는 쪽지도 함께요. 생활의 멋을 즐길 수 있어요.

타임

상쾌한 향기와 강력한 살균력

분류
꿀풀과 백리향속
1년 내내 푸른 키 작은 나무

학명
Thymus vulgaris

사용 부위
잎, 꽃

주성분
플라보노이드, 타닌, 쓴맛 성분,
사포닌, 로즈마린산 등

효능
항균, 살균, 방부, 이뇨, 피로해소

말린 잎

커먼 타임
생잎

▼
기르는 법 p.44
건강관리 p.82, p.84-87
일상생활 팁 p.100, p.105
미용 p.116
요리 p.138

이런 특징이 있어요

상쾌하고 자극적인 매운맛, 작은 분홍색 꽃…. 타임은 기원전부터 약용식물로, 향신료로 사랑받아온 대표 허브입니다. 특히 강한 살균력과 방부작용이 있어 상처의 소독과 염증 찜질에 활용되어왔어요. 고대 그리스나 로마에서는 용기의 상징이라 하여, 전장에 나가기 전 병사들이 타임을 띄운 욕조에 몸을 담가 사기를 증진했다고 해요. 최근에는 세포의 노화 억제에 도움이 된다고 알려졌습니다.

1년 내내 푸르고 키 작은 나무이기 때문에 한 번 심으면 연중 활용할 수 있는 것도 매력이에요. 피토테라피에서는 가지가 위로 자라는 커먼 타임을 사용하는 것이 일반적이지만, 지면을 기듯이 자라 땅을 덮게 키우는 크리핑 타임을 사용해도 좋아요. 단, 사용할 때는 흙을 확실하게 제거하세요. 살짝 레몬 향이 나는 레몬 타임은 요리와 잘 어울립니다.

이렇게 사용해요

타임은 소독·살균·항균작용이 있어서 팅크제를 만들어두면 좋아요. 마시는 것도 효과적이지만, 쓰고 매운맛이 강하기 때문에 감기나 감염증에 걸렸을 때 사용하는 것을 추천해요. 특히 목의 통증 완화나 입 냄새 방지에 도움이 됩니다.

여름철 땀띠가 나거나 여드름이 났을 때 팅크제를 희석해서 보디 로션으로 사용해도 좋아요. 항산화 물질이 많기 때문에 노화 관리에 최고입니다. 침출액(p.58) 피부 팩과 초여름 꽃 피는 시기에 담그는 타임 꽃 팅크제를 넣어 만든 화장수는 달콤한 향기도 즐길 수 있어요. 단맛이 살짝 도는 꽃은 색감이 풍부한 샐러드에 넣어도 좋아요.

Sage

세이지

항산화작용이 뛰어난 불로장생 허브

분류
꿀풀과 샐비어속
1년 내내 푸른 키 작은 나무

학명
Salvia officinalis

사용 부위
잎, 꽃

주성분
타닌, 플라보노이드,
소브산, 카르노신산, 페놀산 등

효능
항균, 수렴, 항산화,
소화불량 개선, 지사

말린 잎

체리 세이지

아메지스트
세이지

▼
기르는 법 p.44
건강관리 p.80, p.85, p.89, p.92
일상생활 팁 p.100-101
미용 p.116
요리 p.140

이런 특징이 있어요

지중해 연안 지방이 원산지로, 고대 그리스 식물학자 테오프라스토스의 〈식물지〉에도 등장하는, 수천 년 동안 약용식물로 사용된 허브입니다. 학명 Salvia는 '치유력이 있다'라는 라틴어 'Salvare'에서 왔으며, 항산화작용도 있어 불로장생의 허브로 알려져 왔어요. '정원에 세이지를 심으면 늙지 않는다', '장수하고 싶은 자, 5월의 세이지를 먹어라' 같은 말도 있습니다. 최근에는 노화의 진행을 늦추는 작용도 증명되었지요. 피토테라피에서는 커먼 세이지를 사용하는 것이 일반적이지만, 체리 세이지, 파인애플 세이지 등 그 외의 세이지도 사용할 수 있습니다.

이렇게 사용해요

항균·항바이러스작용이 있어 건강관리용으로 팅크제를 준비해두고 양치질 등에 이용하면 좋습니다. 우리 집에서는 지사제로도 이용하고 있어요. 여성호르몬인 에스트로겐과 닮은 작용이 있어, 생리불순이나 갱년기장애 등으로 고민인 경우에 호르몬 균형을 조절하기 위해서 팅크제를 마셔도 좋아요. 저는 생리 전에 마십니다. 팅크제로 화장수를 만드는 것도 추천해요. 피부를 탱탱하게 만드는 효과가 뛰어나 모공 수렴에 좋아요.

초여름 5월의 잎은 부드럽고 향기도 순해서 생으로 먹기에 적당합니다. 샐러드에 넣거나 잘게 잘라서 양념처럼 사용해보세요. 초여름 개화를 기준으로 잎은 뻣뻣해지고 색과 향은 진해집니다.

카렌듈라

클레오파트라가 사랑한 피부 지킴이

분류
국화과 금잔화속
한해~두해살이식물

학명
Calendula officinalis

사용 부위
잎, 꽃

주성분
카로티노이드, 플라보노이드,
식물성 스테롤, 트리테르페노이드,
쓴맛 성분 등

효능
항균, 항염증, 점막 보호, 수렴, 발한, 이뇨

말린 잎

씨앗

프렌치 매리골드

▼
기르는 법 p.44
건강관리 p.90
일상생활 팁 p.100
미용 p.68-71, p.125
요리 p.148

이런 특징이 있어요

지중해 연안이 원산지인 국화과 식물로, 금잔화라고 불려요. 고대 이집트에서는 젊어지는 묘약으로 여겨 클레오파트라도 카렌듈라 추출 오일을 사용했다고 합니다. 영어로는 Pot Marigold라고 부르는데, Pot은 솥을 말하며 '먹을 수 있는 매리골드'라는 의미예요. 유럽에서는 옛날부터 고운 꽃잎을 요리에 곁들이거나 고명으로 사용해왔다고 해요.

매리골드라고 하면 프렌치 매리골드(학명 Tagetes)가 일반적이지만, 전통적으로 허브 요법에서 사용해온 것은 카렌듈라예요. 그렇다고는 해도 꽃잎의 색소 성분이 주요 약효 성분이라서, 저는 프렌치 매리골드도 똑같이 사용하고 있고 충분한 약효도 느끼고 있습니다.

이렇게 사용해요

카렌듈라는 '피부 지킴이'로 통해요. 손상된 피부와 점막을 복구하는 작용이 뛰어나 화상 치료나 민감한 피부 보호에 도움을 줍니다. 명확히 알려지지 않았지만, 꽃잎에 포함된 카로티노이드 색소나 플라보노이드 등과 연관성이 있다고 해요. 노화 방지에 좋은 레티놀(비타민 A)이 들어있어 주름 관리도 할 수 있어요.

색소 성분이 중요하기 때문에 그늘에서 말려 직사광선이 통하지 않는 용기에 담아 보관하는 것이 포인트예요. 카렌듈라 침출유(p.68)를 만들 때는 꽃잎을 갈아서 만들면 색이 진해집니다. 카렌듈라 차는 면역력을 담당하는 림프의 순환을 도와 아플 때 마시면 좋아요. 조금 쓴맛이 나는데, 다른 허브나 꿀을 더하면 맛있게 마실 수 있어요.

Mint

민트

튼튼하고 강한 번식력이 특징

분류
꿀풀과 박하속
늘 푸른 여러해살이식물

학명
Mentha species

사용 부위
잎

주성분
타닌, 플라보노이드, 로즈마린산 등

효능
위 강화, 진통, 숙면, 긴장 완화

말린 잎

페퍼민트

스피어민트

기르는 법 p.46
건강관리 p.82, p.86-91
일상생활 팁 p.98, p.105
요리 p.132, p.142

이런 특징이 있어요

민트는 지중해가 원산지로, 고대 이집트 시대부터 정원에서 재배되어왔어요. 중세에는 신선한 민트를 바닥에 흩어 뿌리고 밟아 눌러서 곰팡이 냄새가 나는 방의 공기를 정화했다고 해요. 민트는 100종류 이상이나 되고 맛과 향이 각기 다르지만, 모두 다 소화불량의 개선이나 진통 효과가 있다고 알려져 있어요.

가장 일반적인 품종은 페퍼민트와 스피어민트입니다. 페퍼민트의 향기 성분은 멘톨로, 누구나 좋아하는 산뜻하고 쾌한 향이에요. 스피어민트의 향기 성분은 카르본으로, 부드러운 달콤함이 특징이지요. 스피어민트는 해외에서 즐겨 사용하는데, 개인적으로 요리에는 스피어민트가 어울리는 것 같아요.

이렇게 사용해요

여름 피부 관리에 좋은 허브입니다. 햇볕에 탄 후 피부 염증을 억제하고 모공을 수축시키는 효과가 있어, 자외선에 오랫동안 노출된 날 민트 침출액으로 로션 팩을 하면 좋아요. 냉방으로 인해 몸에 냉기가 느껴진다면 혈액순환을 촉진하는 침출액 허브 목욕이 좋습니다. 수지 성분이 거의 없어 욕조가 잘 더러워지지 않는 것도 장점이지요.

민트는 토양을 가리지 않고 어디서나 잘 자라는 강한 번식력 때문에 곤란할 정도입니다. 화분에 재배해도 금세 무성해지므로 차, 술, 드레싱, 미용, 감기 관리 등 다양한 용도로 사용해보세요. 저에게는 허브를 자유자재로 다루는 기쁨을 알려준 선생님 같은 허브입니다.

Lemon Balm

레몬밤

울적함을 날려버리는 부드러운 레몬 향

분류
꿀풀과 멜리사속
여러해살이식물

학명
Melissa officinalis

사용 부위
잎, 꽃

주성분
타닌, 페놀산, 로즈마린산 등

효능
진정, 항우울, 강장, 발한,
소화촉진, 항균, 수렴

말린 잎

꽃

▼
▼

건강관리 p.88-91
일상생활 팁 p.98
요리 p.133, p.144

이런 특징이 있어요

고대 그리스 로마 시대부터 출혈과 염증을 억제하는 약초로 이용해 왔어요. 학명인 Melissa라는 이름으로도 익숙한데, 이는 꿀을 품은 하얀 꽃이 꿀벌(그리스어로 melissa)을 유인하는 것에서 유래했어요. 중세 이슬람 의학자는 우울증에 효과가 있다고 추천했고, 르네상스기 스위스 연금술사이자 의사인 파라켈수스는 불로장생의 신비한 약이라고 칭송하며 포도주에 즐겨 넣었다는 기록도 있습니다. 옛날에는 악령을 쫓기 위해 현관 옆에 심거나 사랑의 부적으로 사용하기도 했어요. 지금은 갱년기 증상, 우울증, 알레르기, 대상포진 등의 치료에 효과가 있다고 밝혀지고 있습니다.

이렇게 사용해요

늘 푸르고 사계절 수확이 가능하며, 새싹이 나오는 이른 봄부터 꽃이 피기 시작하는 이른 여름까지 잎이 크고 부드러워요. 이때는 잎이 부쩍부쩍 자라서 무성해지는 시기이므로, 차, 샐러드 등의 식용으로 쓰거나 말려서 팅크제를 만들어 항산화와 진정 등의 약효를 느껴보세요. 이른 여름 꽃이 필 무렵부터는 잎이 작아지고 향기가 강해집니다. 풀 냄새가 약해지기 때문에 디저트 등에 곁들여 향기를 즐기는 것도 좋아요.
잎을 비벼 피부에 문지르면 벌레가 가까이 오지 않고, 벌레 물려 가려운 것도 완화하는 효과가 있습니다. 우리 집에서는 알레르기 체질인 첫째 아들의 피부 관리에 팅크제나 침출액을 사용하고 있어요. 또 잠들지 못하는 밤, 제가 늘 선택하는 것은 레몬밤 차예요. 향기도 맛도 온화해서 가장 효과를 느끼고 있습니다.

7
바질

항균과 진정 효과가 있는 여름 허브

분류
꿀풀과 바질속
한해살이식물

학명
Ocimun basillcum

사용 부위
잎, 꽃, 씨앗

주성분
타닌, 플라보노이드, 사포닌 등

효능
진정, 진통, 항불안, 항균, 정장

말린 잎

물에 불린 씨앗

▼
기르는 법 p.46
일상생활 팁 p.75, p.98
요리 p.149, p.151

이런 특징이 있어요

바질의 원산지는 인도로, 고대 인도인들은 바질을 성스러운 것으로 생각했습니다. 지금은 이탈리아 요리, 태국 요리 등의 재료라는 이미지가 강하지만, 독일에서도 메디컬 허브로서 발열이나 감기로 인한 코 막힘, 두통 완화에 사용해요. '눈 빗자루'라는 별명이 있는데, 씨앗을 물에 담그면 젤리 상태로 크게 부풀어 오르는 성질을 이용해 눈에 들어간 먼지를 닦아낸 것에서 유래되었어요. 요즘에는 영양가 높은 슈퍼 푸드로 알려져 있습니다.

이렇게 사용해요

상쾌한 바질 향은 식욕 증진과 원기 회복 효과가 있어요. 무더운 여름에 음식에 넣어 향을 즐겨보세요. 허브 가든에서 먹어보며 맛을 비교해본 결과, 익히는 요리에는 타이 바질, 익히지 않는 페이스트에는 스위트 바질이 어울리고, 향기는 홀리 바질이 월등히 좋아요. 또 다크 오팔 바질(p.30의 자주색 잎)은 식초에 담그면 고운 색이 나옵니다. 저는 트리트먼트 오일을 만들 때 향신료로 바질 에센셜 오일을 사용하기도 해요. 한 방울만 넣어도 상쾌한 향이 어우러집니다.

바질 잎은 살균·항균작용이 뛰어납니다. 여름에는 땀 때문에 피부의 산성 균형이 흐트러져 여드름이나 뾰루지가 나기 쉬운데, 바질이 피부 관리에 도움이 돼요. 잎에 뜨거운 물을 부어 침출액을 만든 다음, 식혀서 화장 솜으로 두드려 흡수시키세요. 피부에 탄력을 주는 콜라겐 생성을 촉진한다는 연구 자료도 있어요. 민트와 마찬가지로 구토를 줄이고 진정·정장작용도 있습니다.

Dill

딜

생선요리와 피클에 필수! 맛있는 허브

분류
미나리과 딜속
한해살이식물

학명
Anethum graveolens

사용 부위
잎, 꽃, 씨앗

주성분
카로티노이드, 플라보노이드, 쿠마린, 트리테르페노이드 등

효능
해열, 해독, 이뇨, 진정, 소화촉진

꽃

씨앗

말린 잎

키우는 법 p.46
건강관리 p.61, p.88
요리 p.146

이런 특징이 있어요

중동이 원산지로, 기원전 고대 메소포타미아와 이집트에서 재배되던 가장 오래된 약초 중 하나예요. 성서에 세금을 지불하는 수단이었다는 기록도 있어요. 중세에는 강한 향기가 악마를 쫓아낸다고 믿었습니다.

딜은 진정효과와 숙면효과가 뛰어나며, 정장작용을 해 소화를 돕고 더부룩한 증상이나 복통을 완화하는 데 도움이 됩니다. 모유도 잘 나오게 해 저도 세 아이를 수유하며 즐겨 먹었어요. 미나리과 허브 특유의 해독작용도 있습니다.

이렇게 사용해요

여러 가지 약효도 있지만, 맛이 매우 좋아서 요리에 많이 사용해요. 딜을 넣은 피클과 넣지 않은 피클은 놀랄 정도로 풍미가 다르답니다. 향기가 강하기 때문에 아주 적은 양으로도 존재감을 느낄 수 있어요. 유럽에서는 '물고기 허브'라고도 부르며, 어패류의 냄새를 없애는 데 사용합니다.

펜넬과 모양이나 풍미가 비슷한데, 저는 딜이 더 맛있습니다. 하지만 한해살이식물인 딜에 비해 펜넬은 여러해살이식물이라서 한 번 뿌리내리면 매년 씨를 뿌릴 필요가 없다는 장점이 있지요. 맛을 비교해보고 좋은 것을 길러보세요.

딜은 칼슘과 인 등 미네랄이 풍부하고, 씨앗은 입에서 냄새가 날 때 씹으면 구취 제거에 효과가 있습니다. 5~7월에 피는 꽃은 불꽃 모양으로 귀여워서 식용으로 활용하면 좋아요.

허브 기르는 법

흙 만들기

흙이 건강해야 하는 이유

오고토 허브 가든에서는 '농약, 제초제, 화학비료를 쓰지 않는다'는 원칙을 철저히 지키고 있어요. 허브나 채소는 음식에도 넣고 피부에도 직접 사용하잖아요. 그 때문에 친환경으로 기르고 싶다는 마음이 들어요. 하지만 그 마음이 아니더라도 농약이나 화학비료가 흙에 미치는 영향을 생각하면 자연스럽게 쓰지 않는 쪽을 선택하게 됩니다.

흙에는 개미, 지렁이, 공벌레처럼 눈에 보이는 벌레도 살고, 눈에 보이지 않는 미생물도 살아요. 이들의 힘을 빌려 식물이 성장하기 때문에 흙의 환경을 건강하게 유지하는 게 중요하지요. 그렇게 하려면 흙을 직접 만드는 게 좋지만, 경험이 없는 사람이 흙 만들기부터 시작하는 건 어려워요. 우선 판매하는 허브·채소용 흙을 사는 것도 괜찮습니다. 가능한 한 화학비료를 쓰지 않은 흙을 선택하세요.

환경을 살리는 미생물의 힘

흙의 환경을 좋게 하는 방법 중 하나로 환경 정화 미생물이 있어요. 저도 쓰고 있는 것으로, 일본 에히메현 산업기술연구소에서 개발했습니다. 자연 미생물의 힘을 이용해 흙을 건강하게 만드는 것이 목적이에요. 하천의 수질을 높이고 냄새를 없애며, 축산농가의 냄새를 줄이고 분뇨를 퇴비화해 논과 밭에 환원하는 일 등에 사용합니다.

집에서 쉽게 만드는 식물활성제

환경 정화 미생물은 생육 촉진 효과도 있다고 알려져 있어요. 농작물에 사용하면 채소가 질병이나 해충에 견뎌 죽지 않고 살아남아요. 그래서 연구소는 이것을 식물활성제로 널리 보급하기 위해 가정용으로 개발해 만드는 방법을 소개하고 있어요. 유산균, 나토균, 효모균 등 쉽게 구할 수 있는 재료로 만들 수 있어요. 저는 10배 정도로 희석해 물 줄 때 섞어서 뿌리거나 병든 식물에 사용합니다.

오고토 허브 가든의 비료는 소규모 맥주 양조장에서 나오는 몰트 찌꺼기를 받아서 만들고 있어요. 질척한 질감으로 제조법은 의외로 간단합니다.

환경 정화 미생물 만드는 법

[재료]

- **나토** ······ 1알
- **요구르트** ······ 25g
- **드라이 이스트** ······ 2g
- **설탕** ······ 25g
- **물** ······ 450mL

❶ 플라스틱 병(500mL) 또는 요구르트 제조기 등의 가온 장치(30~40℃로 보온할 수 있는 것)를 준비한다.

❷ 재료를 모두 섞은 뒤 30~40℃로 유지해 배양한다.

* 식물 외에 싱크대나 욕조의 물때 제거에도 사용할 수 있어요.

완성된 환경 정화 미생물.
서늘하고 어두운 곳에 보관하고
10배로 희석해서 사용하세요.

환경 정화 미생물의 재료.
가온 장치는 요구르트 제조기를
사용하면 편리합니다.

심기

모종의 경우

화분에서 키울 때는 식물의 6개월 후나 1년 후를 생각해서 옮겨 심으세요. 키가 큰 것은 깊은 화분을 선택하고, 옆으로 퍼지는 식물은 충분한 간격을 두어야 합니다. 여러 개의 허브를 심는 경우 한해살이식물은 꽃이 지고 난 뒤 뿌리까지 뽑아 정리하고, 여러해살이식물은 어떻게 배치하면 그대로 둘 수 있을지를 고려해 심는 것이 좋아요.

씨앗의 경우

잡균이 적은 깨끗한 흙이 좋기 때문에 파종용 흙을 사는 것이 좋아요. 알맞은 파종 시기는 봄가을입니다. 발아에 필요한 온도, 적당한 습도, 햇빛의 양 등 모든 조건이 충족되기 때문이에요.
싹이 나오기까지 물주기는 흙이 촉촉하게 젖을 정도가 적당해요. 지나치게 많이 주지 않도록 주의하세요. 씨앗이 썩거나 물에 쓸려 내려가 버리는 경우가 있거든요. 빠른 것은 2~3일, 늦더라도 2주 안에는 발아합니다.

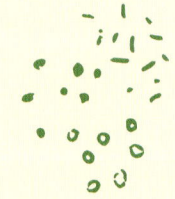

씨앗이 작은 것 (바질, 세이지, 자소, 카모마일 등)

화분이나 밭에 직접 줄뿌리기 합니다. 흙은 얇게 덮는 정도로 하고, 발아한 뒤에 솎아내면서 정리하세요.

씨앗이 큰 것 (카렌듈라, 딜, 한련 등)

확실하게 발아시키기 위해 손바닥 크기의 작은 포트에 세 군데 정도 심고 자라기를 기다리세요. 흙에 그대로 심을 수 있는 파종용 포트를 이용하면 편리합니다.

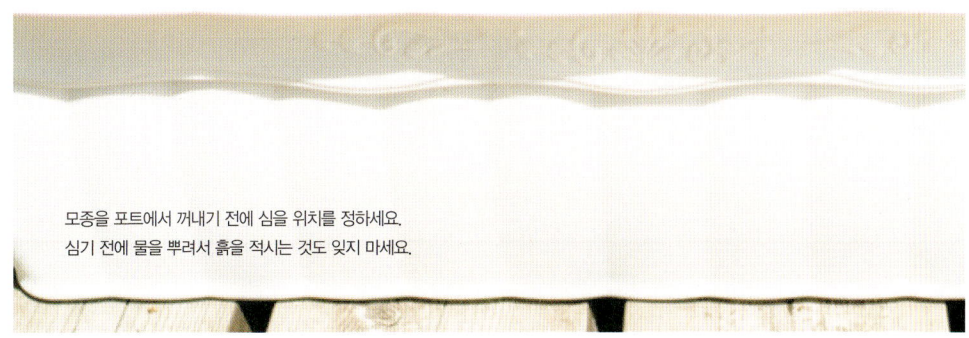

모종을 포트에서 꺼내기 전에 심을 위치를 정하세요.
심기 전에 물을 뿌려서 흙을 적시는 것도 잊지 마세요.

뿌리가 새로운 흙에 빨리 적응하도록 포트에서 꺼낸 모종의 흙을 잘 털어 내세요. 휘감긴 뿌리를 풀고 잘라 정리한 뒤 심는 것이 포인트입니다.

번식시키기

꺾꽂이

씨뿌리기로 번식하기 어려운 허브는 꺾꽂이로 포기 일부분을 잘라내 뿌리를 내리게 하세요. 민트, 로즈메리, 세이지, 마조람, 오레가노, 모나르다 등 꿀풀과의 허브는 성공률이 높아요. 엘더와 티트리도 나무지만 뿌리가 잘 내리니 시도해보세요.

Tip ━━ 실패하지 않는 꺾꽂이 요령

- 건강하고 예쁜 어린 싹을 찾아내 오전 중으로 채취하세요. 계절은 봄가을이 좋습니다.
- 가지의 아래쪽 잎은 제거하고, 수분이 증발하는 것을 막기 위해 커다란 잎은 조금 자릅니다. 몇 장의 잎과 마디를 2~3개 남기고 꺾꽂이하세요.
- 물꽂이를 할 경우에는 컵에 물을 담고 아래 잎이 물에 잠기지 않을 정도로 꺾꽂이 순을 꽂으세요. 매일 물을 갈면 1주일 정도 지나 뿌리가 나옵니다. 충분히 뿌리가 내리면 흙에 정식으로 심으세요.
- 흙에 꺾꽂이를 할 경우에는 꺾꽂이용 배양토를 새로 쓰는 등 깨끗한 흙을 써야 성공하기 쉬워요. 꺾꽂이하기 전에 1시간 정도 물에 담가 줄기가 물을 쉽게 흡수하도록 하면 더 좋습니다. 2~3주 정도는 물뿌리개를 쓰지 말고 분무기 등으로 부드럽게 물을 주는 것이 포인트예요.

포기 나누기

잘 자란 여러해살이 허브는 1~2년마다 포기 나누기를 하면 좋아요. 오래된 포기를 싱싱하고 건강하게 유지할 수 있어요. 적기는 봄가을입니다. 뿌리를 완전히 파 올려 여분의 흙을 털어내고, 손으로 둘로 나누어 포기가 마르지 않도록 빨리 심고 물을 충분히 주세요.

계절별
손질 방법

봄가을

사람이 지내기 좋은 봄가을은 식물에게도 지내기 좋은 계절이에요. 부쩍 성장하는 이 시기에 퇴비를 주면 좋아요. 잡초를 제거하고 삽으로 위쪽 흙을 파 뒤집어 흙에 공기가 잘 통하게 하고 나서 퇴비를 주세요.
봄에는 장미 외에 퇴비가 특별히 필요하지 않지만, 가을에는 영양을 보급하고 겨울을 대비해 흙 환경을 개선하는 데 퇴비가 도움이 돼요. 흙 표면에 퇴비를 두껍게 덮어주세요. 이렇게 하면 땅속이 따뜻해져 미생물의 활동이 활발해지기 때문에 다음 해 봄에 성장하기 좋은 상태가 됩니다.

여름

장마철부터 여름까지는 고온다습하기 때문에, 무성하게 자라는 허브는 통기성을 좋게 하기 위해 수확을 겸한 가지치기가 필요해요. 물주기는 이른 아침과 저녁 두 번이 좋아요. 낮에는 물이 뜨거워져 뿌리를 상하게 할 수 있으므로 물주기를 피해야 합니다. 잡초는 최대한 제거하지만, 우리 집에서는 닭의장풀, 어성초(p.100), 양미역취(p.101), 개여뀌 등은 완전히 제거하지 않고 야생의 허브로 활용하고 있습니다.

겨울(여러해살이식물)

베란다에서 재배하는 화분은 햇볕이 더 잘 드는 곳이나 따뜻한 현관 등으로 옮기세요. 물주기는 1주일에 1~2회 정도가 좋아요.
땅에 심은 경우, 서리가 내리지 않은 지역은 특별한 방한 대책 없이도 겨울을 날 수 있어요. 그러나 시들기 시작한 경우나 몹시 추운 지역에서는 겨울이 찾아오기 전에 땅 표면 가까이에서 줄기를 싹둑 자르세요. 땅속줄기가 살아있기 때문에 다음 해 봄에는 다시 새싹이 나옵니다. 눈이 쌓이는 곳에서는 바닥을 덮어 추위에 대비하세요. 가을에 떨어진 낙엽을 모아 추위에 약한 식물 주위에 덮고, 잎이 날리지 않도록 시트를 씌워 돌 등으로 눌러줍니다.

수확 요령

잎

늘 푸른 허브는 1년 내내 수확할 수 있는데, 가장 향기가 좋은 때는 꽃이 피기 직전의 오전이에요. 많이 수확한 경우, 물에 적신 종이타월로 감싸 냉장고에 넣어두면 3~4일은 신선하게 즐길 수 있어요. 바질, 딜 등 한해살이식물은 넉넉하게 수확해도 계속해서 새로운 잎이 자라 나와요. 한편, 여러해살이식물은 잎이 다시 자라 나오는 데 시간이 조금 필요해요. 항상 일정하게 수확하고 싶으면 좀 더 많이 심거나 한꺼번에 너무 많이 수확하지 마세요.

꽃

세이지, 카렌듈라, 캐모마일, 라벤더, 모나르다, 민들레 등 어떤 꽃이든 피기 시작하는 순간이 가장 좋은 수확 시기라고 합니다. 피어오르기 시작한 꽃봉오리는 정유 함유량도 많기 때문에 향기도 약효도 가장 높다고 여기기 때문이에요. 1년에 한 번밖에 수확할 수 없는 꽃은 말려서 두면 1년 내내 사용할 수 있어요.

씨앗

잘 익은 것을 수확하세요. 식물을 가볍게 흔들어보아 씨앗이 떨어지기 시작하면 알맞은 시기예요. 씨앗이 작은 것은 가지째 잘라서 종이봉투에 넣고 흔들면 씨앗만 모을 수 있어요. 미리 씨앗의 이름과 수확 날짜를 봉투에 적어두면 편리합니다.

뿌리

뿌리는 생육기가 끝날 무렵에 수확하세요(8가지 허브는 뿌리를 이용하지 않지만, 민들레나 치커리의 뿌리는 차로 마시기도 합니다. 에키나시아 뿌리도 약효가 있어요). 땅 윗부분이 마르면 뿌리에 저장되는 영양분이 최대가 되므로 약효도 가장 높아집니다. 우리 집에서는 늦가을에 뿌리를 수확해요. 파낸 뿌리는 잘 씻어 바람이 잘 통하는 곳에서 말리세요.

허브별 관리 팁

타임

초보자는 모종부터 기르는 것을 추천해요. 습기에 매우 약해 장마철에 말라버리는 경우가 종종 있어요. 약간 건조하게 키우면 잘 자랍니다. 가지가 많이 뒤엉키면 통풍이 안 돼 습하고 무더워지므로 장마철과 여름에는 자주 수확하세요.

봄철 새싹이 나오기 전에 가볍게 깎아 손질하면 한결 향이 강한 새싹이 나와요. 늦여름에 다시 깎아 손질하면 포기가 목질화되는 것을 막아 1년 내내 강한 향기, 부드러운 잎과 가지를 즐길 수 있어요. 추위에 강하고 한 번 뿌리내리면 겨울에 가지가 말라도 이듬해 봄에 새싹이 돋아나옵니다.

세이지

씨뿌리기부터 해도 잘 자라요. 꽃이 핀 후 깨알만 한 씨앗을 채취할 수 있으니, 다음 해 봄에 뿌려 수확량을 늘려보세요. 꺾꽂이를 해도 뿌리가 잘 내립니다. 여름 더위, 겨울 추위에 강하고 건조한 편이 더 건강하게 자라요. 정기적으로 수확을 겸해 잘라주면 잎의 향기가 진해집니다.

카렌듈라

씨를 뿌려도 잘 자라고, 뿌리는 시기도 자유롭습니다. 저는 정원을 가질 때까지 겨울의 베란다가 쓸쓸하지 않게 늦가을에 심었습니다. 끊임없이 꽃을 피우는 비결은 시든 꽃을 방치하지 말고 부지런히 따는 것입니다. 다 따버리면 다음 해 뿌릴 씨앗을 수확할 수 없으니, 꽃 피는 빈도가 줄어들면 따지 말고 씨앗 수확용으로 두세요.

환경에 따라 흰 가루 병이 생기도 합니다. 이런 경우는 하얗게 된 잎을 제거하고 p.35에서 소개한 환경 정화 미생물을 잎에 뿌려 저항력을 높이세요. 나토 담았던 용기를 물로 씻어 그 물을 분무기로 뿌려도 효과가 있어요.

아메지스트 세이지

민트

땅속줄기로 번식하는 여러해살이식물로 번식력이 매우 강하고 튼튼합니다. 페퍼민트나 스피어민트는 다른 허브를 약하게 만들어버리기 때문에 다른 허브와 함께 모아 심기에는 적당하지 않아요. 하지만 민트 중에는 그리 강하지 않은 품종도 있으니 여러 가지로 시도해보세요.

민트는 하나의 화분에 한 품종만 재배하는 게 기본이에요. 민트끼리 종간 교잡하기가 쉽기 때문입니다. 땅에 직접 심을 때는 다른 식물에 영향을 미칠 수 있으니 분리해 심어야 해요. 교잡을 방지하고 같은 품종을 지키고 싶다면 씨를 받지 말고 꺾꽂이나 포기 나누기로 번식시키세요. 벌레가 다른 품종의 꽃가루를 옮기는 경우도 있으니 꽃이 피기 전에 하는 것을 추천합니다.

바질

씨가 작으니 가볍게 흩뿌리고, 발아 후 빽빽한 부분이나 웃자란 싹은 솎아내세요. 농약을 쓰지 않으면 애벌레가 생겨 순식간에 다 갉아먹습니다. 여름에는 수확을 겸해서 매일 살펴 피해를 줄이세요. 잎을 부지런히 수확함으로써 봉긋하고 빽빽하게 들어찬 커다란 포기로 키울 수 있어요.

바질은 한해살이식물이라 꽃이 핀 뒤에는 새로운 잎을 만들기보다 씨앗을 만드는 데 집중합니다. 꽃이삭 순자르기를 부지런히 하면 늦가을까지 잎을 즐길 수 있어요. 꽃이삭을 따내고 바로 꽃이 피려고 하면 피게 두고 다음 해를 위한 씨앗을 수확하세요.

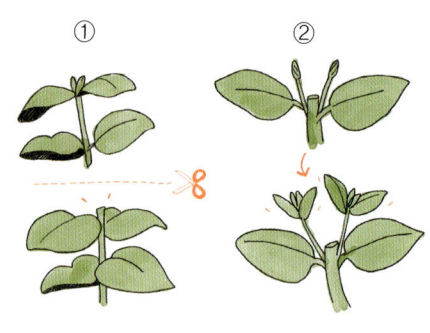

꽃이삭 순자르기

딜

1년째는 모종이나 씨앗 어떤 것으로 재배해도 상관없어요. 씨뿌리기는 4~6월 또는 9~10월이 좋습니다. 뿌리가 단단히 내리면 1.3m 정도까지 크니까 화분에 심을 경우에는 깊은 것을 준비하세요. 키에 비해 줄기가 가늘기 때문에 성장이 왕성해지면 버팀목을 받쳐야 합니다.

한해살이식물이므로 이듬해 이후에는 수확한 씨앗으로 키우는 것을 추천합니다. 산호랑나비의 애벌레나 빨간 줄 노린재가 잎을 먹어버릴 것을 예상해서 조금 넉넉하게 키우는 것이 좋아요.

곧은 뿌리로 성장하기 때문에 옮겨심기는 적당하지 않아요. 강한 바람에 쓰러지고 약해지기 쉬워 우리 집에서는 화분에서 재배합니다. 바람을 따라 씨앗이 쉽게 이동하고, 토양과 잘 맞으면 다음 해에 저절로 땅에 떨어진 씨앗으로도 번식합니다.

드라이 허브 만드는 법

직접 길러 수확한 허브는 요리나 허브차, 허브 목욕, 꽃꽂이에 이용하는 것 외에 말려서 사용하면 좋아요. 마르면서 유효성분이 응축된 드라이 허브는 건강 유지나 회복을 돕는 허브 요법에 활용할 수 있습니다. 신선한 상태에서는 수분이 포함되어있어 약효를 얻는 데 필요한 허브 양을 알 수 없지만 말리면 쉽게 알 수 있어요.

수확 후에는 빨리 말릴수록 유효성분이나 향기가 잘 남아요. 향을 남기려면 시간을 들이는 노력도 필요합니다. 햇빛에 말리지 말고 그늘에서 말리세요.

Tip ───── **말릴 장소가 없는 경우**

신문지나 소쿠리 위에 허브를 펼쳐 말려도 좋아요. 가능한 한 겹치지 않게 하고 하루에 한 번 뒤집으세요. 꽃의 모양을 유지하기가 어려우니 조심해서 다루세요. 꽃을 매달아 말리면 모양과 색이 예쁘게 남아요.

마 끈과 나무집게를 쓰면 편리해요. 집게에 고무줄을 끼우기만 하면 됩니다.

만드는 법

❶ 수확한 허브에 붙어있는 흙이나 잔돌을 제거한다. 물로 씻으면 유효성분이 흘러나올 수 있으니 되도록 피하고 손으로 털어낸다.

❷ 허브를 줄기째 고무줄로 묶어 직사광선이 닿지 않는 그늘에 매달아 10일 정도 말린다.

❸ 바삭하게 말린 뒤 잎이나 꽃 등 필요한 부분만 다듬어 모아 밀폐된 병에 담아둔다.

허브차 끓이는 법

뜨거운 물로 허브의 유효성분을 추출한 것이 허브차예요. 허브의 수용성 유효성분(p.59)이 분리되어 나온 것입니다. 수분이 없는 드라이 허브는 향기가 나는 방향 성분을 어느 정도 잃은 대신 약효 성분이 많아요. 반면 생 허브는 산뜻한 향기와 고운 색을 즐길 수 있어 긴장을 푸는 휴식 시간에 좋아요. 목적에 따라 구분해서 사용하세요.

1 드라이 허브

끓이는 법

❶ 뜨거운 물 1컵과 드라이 허브 3g을 준비한다.

❷ 유효성분이 많이 나오게 하기 위해 잎은 손으로 비벼서, 씨앗이나 열매는 숟가락 등으로 으깨어 주전자에 넣는다.

❸ 팔팔 끓여 한 김 식힌 물을 붓고 3~5분 기다린다.

❹ 차 거름망 등으로 걸러 잔에 따른다. 시간이 지나면 쓴맛이 강하게 우러나오므로 주의한다.

Tip ——— 약효를 끌어내는 요령

- 피토테라피에서는 뜨거운 물 1컵에 드라이 허브 3g을 우리는 것이 기본이에요. 처음에는 먼저 이 양으로 시도해보세요. 익숙해지면 자신의 몸과 취향에 맞는 양을 알 수 있어요. 양은 줄여도 상관없습니다.
- 생 허브는 드라이 허브의 3배를 기준으로 합니다. 물은 팔팔 끓인 후 한 김 식혀 98℃ 정도로 준비하세요. 추출 시간은 잎과 꽃의 경우 3~5분 정도가 적당해요.
- 향기가 나는 방향 성분이 증발하지 않도록 꼭 뚜껑을 덮으세요.

2 생 허브

끓이는 법

❶   허브를 따서 가볍게 물로 씻은 뒤 물기를 부드럽게 닦아낸다.

❷   잎과 꽃은 손으로 잘게 찢는다. 단면에서 방향 성분이 쉽게 빠져나온다.

❸   뜨거운 물을 충분히 붓는다. 허브의 수분으로 물의 온도가 내려가기 때문에 드라이 허브보다 많은 양의 물을 붓는다.

❹   생 허브는 쓴맛이 잘 우러나오지 않아 첫 잔과 두 번째 잔의 맛 차이를 즐길 수 있다.

1

2

3

4

Lesson 2

허브의 6가지 가공법

허브를 건강과 미용에 자유자재로 활용하려면 원하는 약효를 끌어내기 위한 테크닉(가공법)이 필요해요. 무엇보다 먼저 익혀두면 좋은 6가지 방법을 소개합니다. 처음에는 복잡하게 보여도 익숙해지면 간단해요. 원리를 알면 화장품을 직접 만들 수 있습니다.

침출액

뜨거운 물로 유효 성분을 추출해요

허브차를 p.52에 소개한 순서대로 내린 뒤 그것을 마시지 않고 10분 이상 두면 '침출액'이라고 부르는 제제가 됩니다. 시간이 지나면 쓴맛과 아린 맛이 강해지고 향기는 약해져 맛도 없어지고 마시기 어려워지지만, 약효 성분은 높아집니다. 시간을 길게 두면 수용성 유효성분을 분리할 수 있습니다(아래 Tip 참고). 침출액에는 약효가 높은 드라이 허브를 사용하는 것이 기본입니다. 오래 보존할 수 없으니 냉장고에 보관하고 3일 이내에 다 마시세요.

… **이런 때에**

잠이 잘 오지 않거나 속이 더부룩하거나 으슬으슬 감기 기운이 느껴질 때 허브차처럼 마실 수 있어요. 입안을 헹구는 가글액이나 화장수로 쓸 수 있고, 햇볕에 타서 얼굴이 화끈거릴 때 팩을 해도 좋아요. 아토피성 피부염 때문에 가려울 때 허브 침출액을 넣은 보디로션을 바르거나 허브 목욕을 하면 진정시킬 수 있습니다(p.126).

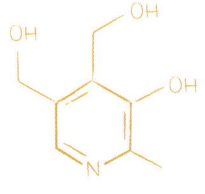

Tip ——— 수용성 성분이란?

수용성 성분이란 물에 녹는 성질의 성분을 말해요. 비타민 B군(비타민 B1·B2, 니아신 등), 비타민 C, 플라보노이드, 타닌, 점액질, 쓴맛 물질 등이 있어요. 비타민 B군은 구내염 예방이나 회복, 비타민 C는 피부 관리에 필요한 성분으로 알려져 있고, 플라보노이드와 타닌은 폴리페놀의 한 종류로 항산화작용이 있습니다.

달이기

오랜 시간 졸여 농축해 약효가 강해요

한약을 만들 때 사용하는 방법이에요. 주로 건강 회복이나 체질 개선을 위해 복용합니다. 수용성 성분을 추출한다는 점에서 침출액(p.58)과 같지만, 뿌리나 나무껍질, 씨앗 등 딱딱한 부분은 훨씬 더 오랜 시간 달여야 약효가 우러나요. 달이면 기본적으로 맛이 없고 쓴데, 졸여서 농축하면 마시는 양도 줄어들어 좋아요. 약효를 빨리 강하게 추출하고 싶을 때 이용해보세요.

… 이런 때에

민트나 딜은 진통·정장작용이 있어 위장 관리에 좋아요(p.88). 유럽에서는 갓난아이가 밤중에 자지 않고 울 때 딜 씨앗 달인 물을 먹입니다. 타임은 감기가 목으로 올 때나 호흡기가 불편할 때 이용하면 좋아요. 쓴맛이 강하기 때문에 꿀이나 설탕을 넣고 달여 목에 뿌려도 좋습니다(p.84).

달이는 법

물과 허브의 비율은 어림잡아 물 2컵에 드라이 허브 5~6g이 적당해요. 뿌리나 씨앗을 사용할 때는 미리 잘게 부수거나 쪼개어 준비합니다. 냉장고에서 약 3일간 보존할 수 있어요.

❶ 냄비에 허브와 찬물을 넣고 천천히 끓인다.

❷ 끓기 시작하면 불을 약하게 줄여 물이 1/2~1/3 정도로 줄 때까지 뭉근히 졸인다. 물이 진한 갈색이 되면 완성이다.

팅크제

가정상비약의 필수품이에요

팅크제는 영어로 Tincture, 허브의 유효성분(수용성 성분과 지용성 성분)을 알코올로 추출한 것을 말해요. 건강을 위해 바르거나 복용할 수도 있고, 수제 화장품 재료로 사용할 수도 있어요. 알코올은 보존료로 사용하기 때문에 허브를 오랫동안 보존할 수 있는 장점도 있습니다.

사용 목적에 따라 알코올 종류와 도수, 담그는 시간을 조절하는데, 여기에서는 가장 기본적인 방법과 규칙을 소개합니다. 많은 종류의 팅크제를 만들어 여러 군데 활용해보세요. 허브 전문가가 되어 있을 거예요.

⋯ 이런 때에

- 감기 예방을 위해 입안을 헹구는 가글액은 타임 팅크제를 물에 타서 사용하세요(p.81).
- 감기나 인플루엔자에는 팅크제로 만든 감염 대책 스프레이를 사용하세요(p.81).
- 피로하거나 몸의 냉할 때 혈액순환을 촉진하려면 로즈메리 팅크제를 마시세요(p.82).
- 화장품을 직접 만들려면 타임, 세이지, 로즈메리 팅크제를 쓰세요(p.117).

어린이에게 사용할 때는 차나 물에 1~3방울 정도 타면 적당해요.
식초로 만든 팅크제를 사용해도 좋아요. 알코올에 약한 사람에게도 추천합니다.

Tip ── 알코올의 도수와 종류

팅크제는 알코올로 허브의 수용성 성분(p.59)과 지용성 성분(p.67)을 모두 추출할 수 있지만, 사용하는 알코올의 도수에 따라 끄집어낼 수 있는 성분과 비율이 달라요. 초심자에게는 에탄올 36% 미만의 소주(담금주)를 추천합니다. 수용성 성분을 중심으로 어느 정도의 지용성 성분을 추출할 수 있어요. 담금주는 색이나 향기가 없기 때문에 성분이 어느 정도 추출되었는지 판단하기가 편해요. 같은 도수의 보드카, 진, 소주 등도 사용할 수 있습니다.

* 수용성·지용성 성분을 균형 있게 끌어내기 위해서는 50도 정도의 증류주가 좋지만 비용이 많이 듭니다. 또 무수에탄올은 수분이 포함되어있지 않아 p.66에서 소개하는 침출유와 마찬가지로 수용성 성분은 추출할 수 없어요. 목적에 따라 구분해서 사용하세요.

3

4

5

꽃이나 잎 등 부드러운 부분은 2~3주 정도, 뿌리나 열매 등 단단한 부분은 3~4주 이상 두세요. 보존은 1년 정도 가능하지만, 향기가 날아가거나 침전물이 생기는 경우도 있으니 가능한 한 빨리 사용하는 것이 좋아요.

만드는 법

재료   드라이 허브, 에탄올 36% 미만 소주(담금주)

❶ 허브를 다지는 등 가능한 한 작게 썬다. 믹서를 사용해도 좋다.

❷ 투명한 유리병에 허브를 담고 소주를 붓는다(드라이 허브가 5g이면 소주를 50g 붓는다).

❸ 뚜껑을 덮고 라벨을 붙인다. 뚜껑 안쪽이 더러워지지 않도록 병 입구를 비닐 랩으로 감싸고 덮는 것도 좋다.

❹ 어두운 곳에 2~4주간 두고, 하루에 한두 번 위아래로 잘 섞이도록 흔든다.

❺ 거즈나 커피 필터로 허브를 거른다. 거른 물을 햇볕이 차단되는 병에 담아 어두운 곳에 보관한다. 스포이트 병에 넣어두면 덜어 쓰기 편하다.

침출유

피부 관리, 마사지, 요리에도 사용해요

허브를 식물성 기름에 담그면 허브에 포함된 지용성 성분이 추출돼요. 이런 침출유는 마사지 오일이나 수제 화장품의 재료로 사용할 수 있어요. 바질이나 로즈메리를 올리브 오일에 침출한 것은 요리에도 쓸 수 있지요. 허브는 생것과 말린 것 모두 사용할 수 있는데 각각 장단점이 있습니다.

생 허브

생 허브는 드라이 허브보다 방향 성분이 많아요. 생 허브를 식물성 기름에 담그면 향기로운 침출유가 되지요. 바질, 민트, 로즈메리는 요리에도 쓰기 좋아요. 다만 허브에 수분이 들어있기 때문에 오랜 시간 담가 두면 곰팡이가 생길 수 있어요. 1주일 기준으로 허브를 걸러내세요.

드라이 허브

드라이 허브는 말리는 과정에서 향기가 나는 방향 성분을 어느 정도 잃었지만, 수분이 없는 만큼 지용성 유효성분이 더 많이 추출돼요. 미용 목적으로 이용하는 경우에 좋아요. 허브를 걸러 내는 과정을 잊어도 곰팡이가 생길 염려가 없습니다.

* 침출유가 탁해졌다면 수분이 많이 함유된 경우일 수 있어요. 이런 경우에는 침출유를 중탕해보세요. 수분이 증발해서 투명해지고 상태도 좋아집니다.

Tip ── 지용성 성분이란?

기름으로 추출할 수 있는 지용성 성분은 주로 다음과 같습니다.
- 비타민 D(칼슘, 인 조절 등)
- 비타민 E(지질의 산화 방지, 노화 방지 등)
- 카로티노이드계 색소(피부나 점막 보호)
- 정유 성분(아로마테라피의 기본 방향 성분)

당근, 민들레꽃 등 카로티노이드계 색소를 가진 식물과 향기가 풍부한 식물은 기름으로 그 성분을 옮길 수 있어요. 식물의 색과 향기에 따라 침출유로 만들지를 결정하세요.

카렌듈라 침출유를 만드는 과정

만드는 법

❶ 허브를 병의 절반 이상 되게 준비한다. 생 허브는 그대로 써도 되지만, 드라이 허브는 가위나 믹서로 잘게 잘라서 추출해야 색이 선명하다.

❷ 투명한 병에 허브가 충분히 잠기도록 식물성 기름을 붓는다. 식용으로는 올리브 오일이나 해바라기 오일을, 외용으로는 아몬드 오일이나 호호바 오일을 추천한다(자세한 내용은 p.76 캐리어 오일 선택 방법 참고). 허브가 완전히 기름에 잠겼는지 확인한다.

❸ 뚜껑을 덮고 라벨을 붙인다. 뚜껑 안쪽을 비닐 랩으로 감싸면 잘 더러워지지 않는다.

❹ 상온에서 직사광선이 닿지 않는 곳에 1주일간 두고, 하루에 한두 번 위아래로 잘 섞이도록 흔든다.

❺ 커피 필터나 거즈로 거른다.

❻ 거른 기름을 보관할 병에 옮겨 담는다.

침출유의 활용법

 허브 밤

완성된 침출유는 마사지 오일로 사용할 수 있어요. 그런데 조금 끈적이는 느낌이 남기 때문에 밤(연고)으로 만들어 보존하는 방법을 추천합니다. 기름이 쏟아질 염려도 없고, 눈 주위와 입가의 보습 관리에도, 휴대하기도 편리합니다. 밀랍을 이용해 간단하게 만들 수 있어요.

위에서부터 하귤, 로즈메리, 카렌듈라.

만드는 법

재료 밀랍 2g, 침출유 10g

❶ 비커에 밀랍과 침출유를 넣는다.

❷ 밀랍을 중탕으로 녹인다.

❸ 밀랍이 완전히 녹으면 밤용 용기에 붓는다. 그대로 식혀 굳힌다.

* 밀랍의 양으로 밤의 단단한 정도를 조절하세요.

Tip ── 허브 밤의 약효

- 피부의 파수꾼 카렌듈라 침출유로 만든 오렌지색 밤은 피부를 보호할 수 있어요. 로즈메리 침출유로 만든 연한 녹색 밤은 눈가 주름과 피부 처짐을 관리하는 데 추천합니다. 유자나 귤껍질 침출유로 만든 밤은 혈액순환 촉진과 살균작용이 있고 상쾌한 감귤 향이 기분을 좋아지게 해요.
- 밀랍은 꿀벌의 배 쪽 샘에서 분비되는 성분이에요. 보습 효과가 좋아서 수제 밤이나 크림을 만들 때 기본 재료가 돼요. 정제한 것과 정제하지 않은 것이 있는데, 정제하지 않은 밀랍이 꿀의 노란색과 달콤한 향기를 그대로 가지고 있어요. 불순물도 포함되어있기 때문에 알레르기 체질인 사람은 주의가 필요합니다.

습포(찜질)

수건 한 장으로 가볍게 할 수 있어요

약재를 섞은 따끈한 물이나 냉수에 수건을 적신 것을 '습포'라고 합니다. 허브 용법에서는 약재로 침출액(p.58)을 이용합니다. 어깨 결림이나 눈의 피로 등 만성 통증에는 따뜻한 찜질로 혈행을 촉진하고, 피부 염증이나 타박상, 삐었을 때 등 급성 통증에는 차가운 찜질을 합니다. 냉찜질로 화끈거림을 가라앉힐 때 유칼립투스나 민트 에센셜 오일을 첨가하면 청량감을 더할 수 있습니다.

찜질하는 법

따뜻한 찜질	❶	드라이 허브로 침출액을 만든다.
	❷	수건을 침출액에 적셔 환부에 대고, 수건이 미지근해지면 뜨거운 침출액에 다시 적신다. 열이 달아나지 않도록 습포 위에 비닐 랩이나 수건을 덮어두면 좋다.
차가운 찜질		침출액을 차게 해서 사용한다. 습포 위에 보냉제나 얼음을 얹어 차게 하면 효과가 높아진다.

Tip ―― 찜질의 효과

온찜질은 피부 관리나 다이어트에 도움을 줘요. 셀룰라이트 제거 마사지를 하기 전에 미리 온찜질을 해두면 혈액순환이 좋아져 효과가 높아집니다. 얼굴에 하는 스팀 타월도 온찜질 중 하나예요. 세안 전에 하면 모공이 열려 노폐물과 블랙헤드가 쉽게 빠져요. 세안 후에 하면 화장수의 보습 성분이 피부에 잘 흡수됩니다.

패치

허브나 채소를 환부에 직접 붙여요

생 허브를 잘게 썰거나 드라이 허브를 가루 내어 뜨거운 물로 반죽해 환부에 직접 바르는 방법입니다. 어린 시절 소꿉장난이나 의사 놀이를 하면서 풀을 돌로 으깨어 발랐던 기억이 있을 거예요. 바로 그런 것이랍니다. 유효성분이 피부에 직접 닿기 때문에 찜질보다 약효가 높아 급성 증상에 추천합니다. 허브에 따라서는 반죽하기 어렵거나 바르기 어려운 것도 있는데, 꿀이나 올리브 오일 등과 섞으면 쉽게 이용할 수 있습니다.

독일의 자연요법에서는 채소 패치도 널리 알려져 있어요. 양배추는 열을 식힐 때, 감자는 일광화상이나 유선염에, 당근은 화상과 상처 완화에 도움을 줍니다. 오이 팩도 그중 하나예요.

―――― 허브 붙이는 법 ――――

❶ 생 허브를 잘게 썰거나 으깨어 뜨거운 물과 오일 또는 꿀을 넣어 반죽한다. 사진은 클레이 파우더를 사용한 것이다.

❷ 반죽한 허브를 환부에 바른다. 바질은 벌레에 물려 가려울 때(p.100), 상처 치료와 피부 관리(p.129)에 효과가 있다. 바질 잎에 함유된 방향 성분이나 타닌은 항산화작용도 한다.

Tip ―――― 미용에 좋은 클레이 파우더

클레이 파우더는 특정 지역에서 나는 점토로, 미네랄이 풍부해 미용에 사용돼요. 종류가 다양한데, 그중 카오린과 몬모릴로나이트는 피지를 흡착하는 효과가 탁월하고 피지 생성을 완화하는 효과가 있어 모공 관리에 도움이 됩니다. 모로코산 점토 가슬은 세정력과 보습력을 모두 갖춰 모공의 노폐물을 말끔히 씻어내고, 씻고 난 후에도 촉촉해요.

에센셜 오일을 활용하면
허브 생활이 더 다양하고 즐거워져요

허브를 직접 길러 활용하는 것만으로도 즐겁지만, 에센셜 오일(essential oil)이 있으면 허브 생활이 더 즐거워져요. 에센셜 오일은 식물의 향기 성분이에요. 식물의 꽃, 잎, 뿌리, 열매의 껍질 등에서 추출한 방향 성분을 고도로 농축하여 병에 담은 것이죠. 라벤더 에센셜 오일 1kg을 얻기 위해 꽃이삭 100~200kg 정도가 필요하다고 해요.
에센셜 오일은 좋은 향은 물론 진정, 살균 등의 약효도 있어 질병 감염 예방과 긴장 완화, 피부 미용에 도움이 돼요. 이 책 곳곳에서 활용 포인트를 소개하고 있으니 꼭 참고하세요.
우선 좋아하는 향기나 원하는 효능이 있는 에센셜 오일을 구입하세요. 오일 병의 드로퍼 한 방울은 약 0.05mL로, 원액은 농도가 진하니 희석해서 쓰는 것이 안전합니다.

추천 사용법

마사지 오일
원하는 캐리어 오일(천연 식물유)에 원하는 에센셜 오일을 몇 방울 섞기만 하면 돼요. 이 오일로 마사지하면 방향 성분에 후각이 자극되고 에센셜 오일의 작은 분자가 피부로 흡수됩니다. 근육 조직을 부드럽게 자극하는 손놀림은 혈액을 잘 흐르게 해 진정 효과를 가져다줘요.
마사지할 때의 에센셜 오일 농도는 반드시 1% 이내로 맞추세요. 손발 마사지를 1회 하려면 캐리어 오일 10mL에 에센셜 오일 2방울(약 0.1mL)이 적당합니다. 특히 얼굴 마사지를 할 때나 피부가 약한 사람, 알레르기 체질인 사람, 나이가 많은 사람의 경우는 농도를 0.5% 이내로 낮추고 미리 패치 테스트를 해보는 것이 좋아요.

에센셜 오일 선택 방법
긴장 완화와 진정 효과를 원한다면 라벤더, 오렌지, 베르가모트 등의 감귤 계열을 추천합니다. 재충전에 도움 되는 향기를 원한다면 민트, 티트리, 유칼립투스 등 삼림 계열부터 시도해보세요.

캐리어 오일 선택 방법
초심자는 아몬드 오일을 쓰는 게 좋아요. 피부 상태에 관계없이 가족이 함께 사용할 수 있어요. 호호바 오일은 품질이 쉽게 떨어지지 않고 보습력이 높아 겨울에 추천합니다.

그 외 사용법

룸 스프레이
손님이 오기 전 현관에, 거실에서 느긋한 시간을 보낼 때 언제 어디서나 바로 사용할 수 있는 공간용 향수예요. 자연에서 얻은 향기라 긴장을 완화하는 작용도 있습니다.

⋯▶ **재료**(100mL 스프레이 용기에 0.5% 농도로 만듭니다.)
  에센셜 오일 10방울, **에탄올** 10mL, **물** 90mL
  하이드로졸(방향 증류수)을 가지고 있다면 물 대신 사용해도 좋아요.

신발장 탈취제
케이크 같은 냉장식품에 들어있는 보냉제를 탈취제로 활용하세요. 보냉제의 포장을 열어 내용물을 유리병에 옮겨 담고, 거기에 좋아하는 향의 에센셜 오일을 5방울 정도 넣으세요. 이것을 현관이나 신발장에 두면, 불쾌한 냄새는 흡수되고 은은한 향기만 남아요.

섬유유연제
시판되는 섬유유연제 냄새가 인공적이고 강하게 느껴진다면 직접 만들어서 사용해보세요. 파는 제품을 쓰는 것만큼 옷이 폭신폭신하지는 않지만, 부드러운 감촉과 자연 향을 즐길 수 있어요. 구연산은 감귤류나 매실 등의 식물에 많이 들어있는 무색무취의 산성 성분으로 안전해요. 약알칼리성 세제로 세탁한 빨래를 구연산으로 중화하면 뻣뻣함을 줄일 수 있습니다.

⋯▶ **재료**(5회분)
  에센셜 오일 20방울, **구연산** 2큰술, **글리세린** 2큰술, **물** 150mL
  구연산은 식초와 마찬가지로 청소에도 사용할 수 있어요(p.110).

향기는 정신적인 면에 미치는 영향이 커서, 불쾌한 냄새가 진동할 때 에센셜 오일을 한 방울 떨어뜨리기만 해도 불쾌감이 한 번에 해소돼요. 예를 들어 화장실을 청소할 때나 토사물을 치울 때, 차 안에서 나는 냄새를 없앨 때 활용하면, 단지 좋은 향기가 나는 것만으로 불쾌감 없이 청소할 수 있어요. 아이들 천 기저귀를 애벌빨래 할 때도 몇 방울 떨어뜨리면 좋아요. 사용법을 잘 모른다거나 쓰고 남았다면 꼭 사용해보세요.

Lesson 3

일상의 건강관리

허브는 감기 예방이나 목 관리, 위장의 불쾌한 증상과 생리통 완화 등 평소의 건강관리에 도움이 돼요. Lesson 2에서 익힌 가공법들을 이용해 허브의 유효성분을 충분히 활용하세요. 물론 질병 치료는 의사의 진단과 처방을 따라야 합니다. 허브로 할 수 있는 것과 할 수 없는 것을 판별하는 것도 중요해요.

감기·감염증 예방

만능 팅크제 하나로 가족을 지켜요

인플루엔자, 노로바이러스 등의 바이러스 감염증은 물론, 감기도 80~90%는 바이러스에 의한 것입니다. 바이러스는 인간의 코와 입속, 목 등의 점막에 붙어서 증식해요. 자주 씻는 것으로 감염을 예방하지만, 우리 집에서는 로즈메리, 세이지, 타임 등 항균·항바이러스작용이 인정된 허브를 활용해요. 허브로 만든 수제 비누로 손을 씻으면 손이 거칠어지는 것도 예방할 수 있어요. 양치질은 직접 만든 팅크제(p.65)를 물에 몇 방울 떨어뜨려 헹구면 됩니다. 원래 마실 수 있는 것이기 때문에 어린아이가 잘못해서 마시더라도 안심할 수 있어요. 모두 향기가 좋아 사용하면서 기분이 좋아지고 재충전도 된답니다.

또 하나 집에 항상 준비해두는 것은 팅크제를 물로 두 배 희석해서 만든 스프레이예요. 집에 돌아와 신발을 벗고 방으로 들어가기 전에 온몸에 뿌려요. 몸이나 옷에 붙어있던 균이나 바이러스가 집 안으로 들어갈 확률을 줄일 수 있어요.

* 8가지 허브 외에도 유칼립투스는 높은 항바이러스 효과로 잘 알려져 있어요. 키가 크게 자라는 수목으로 화분이나 실내에서 키우기 어렵다면 효능이 응축된 유칼립투스 에센셜 오일을 사용해보세요.

치료법

가글액　　물 1컵에 팅크제를 5~10방울 떨어뜨려 입 안을 헹군다.

스프레이　　팅크제 25mL와 물 25mL를 섞는다. 작은 스프레이 병에 담아 현관이나 세면대 등 여러 곳에 두고 옷과 온몸에 또는 손 씻고 나서 마무리로 뿌린다.

바이러스에 맞서는 식물의 힘

항바이러스작용을 하는 식물이 있다고 해도 의문을 가지는 사람이 많을 거예요. 말할 수 있는 것은 식물이 가진 방향 성분(에센셜 오일 형태로 상품화돼있어요. p.76 참고)에는 모노테르펜류로 분류되는 성분이 있는데, 이중 많은 부분에 항바이러스작용이 있다는 거예요. 그리고 이 작용은 특정 바이러스가 아니라 광범위한 바이러스 종류에 이루어져요. 자세한 메커니즘은 아직 밝혀지지 않았지만, 바이러스 표면에 돌기처럼 튀어나온 돌기단백질에 작용해 변성키거나 활성을 억제하는 것으로 생각됩니다.

중세에 흑사병이 유행했을 때 향수 공장에서 일하는 사람들은 병에 잘 걸리지 않았다고 해요. 이것이 미심쩍은 이야기만은 아닐지도 모릅니다. 물론 방향 성분을 농축한 에센셜 오일이 아니라 허브를 사용할 때 얼마나 유익한지 묻는다면 저도 모릅니다. 그것을 불확실한 것이라고 딱 잘라버릴지, 아니면 향기도 좋으니 건강관리에 활용해볼지는 스스로 판단하는 것이 좋겠지요.

Tip ── 한겨울 온기를 찾고 기분까지 좋아지는 수욕

장갑을 껴도 손이 시린 한겨울, 따뜻한 물에 손을 담그는 수욕에 에센셜 오일을 활용해보세요. 외출하고 돌아와 세면대에 따뜻한 물을 가득 채운 뒤 라벤더 또는 감귤류 에센셜 오일을 1~3방울 떨어뜨리고 손을 담그세요. 따뜻해진 손의 온기가 천천히 팔로 전해지고, 상쾌한 향기로 기분까지 좋아져요. 혈액순환과 살균 효과도 있지요. 2~3분 따뜻하게 수욕한 뒤에는 비누로 손을 깨끗하게 씻으세요.

아플 때의 관리

몸을 따뜻하게 하고 회복을 도와요

기침이 나오고 한기가 드는 등 감기 초기증상을 느낄 때 빨리 허브로 대처하면 악화하는 것을 막을 수 있어요. 우선 유효한 성분이 농축된 팅크제나 침출액(p.58)을 마시세요. 로즈메리와 민트가 몸을 따뜻하게 하는 작용이 우수해요. 열이 나고 땀이 나면 회복되기 시작하므로 땀이 나게 하는 허브를 활용하세요. 여기서도 민트나 로즈메리, 타임이 활약합니다.

회복기에는 해독과 이뇨를 촉진하기 위해 허브차(p.52)로 수분을 충분히 보충하는 것이 좋아요. 코를 많이 풀면 코와 입술이 평소보다 건조해지므로 밤(p.70)이 도움 됩니다. 기침이 멈추지 않을 때는 목과 가슴의 확장을 돕는 민트나 유칼립투스 에센셜 오일이 들어간 밤을 발라보세요. 유효성분이 체온으로 데워져 퍼지면 코와 입으로 흡수되어 증상이 완화되고 호흡이 편안해져요. 몸을 따뜻하게 해서 충분히 자면 면역력이 올라갑니다.

―――――――――――――――― **치료법** ――――――――――――――――

팅크제는 차가운 물이나 뜨거운 물 1잔에 10~20방울(1~2mL) 떨어뜨려 마시고, 침출액은 100mL 정도를 마신다. 팅크제는 희석하기 때문에 어린이에게도 안심하고 먹일 수 있다. 알코올 성분이 걱정된다면 뜨거운 물에 팅크제를 넣고 김이 나지 않을 때까지 기다린다. 알코올 성분이 증발해 거의 남지 않게 된다.

Tip ―――― **간단히 마스크에 뿌리는 스프레이**

마스크를 오랜 시간 쓰고 있으면 숨쉬기가 답답하고 불쾌감을 느끼는 경우가 많아요. 직접 만든 스프레이를 뿌려보세요. 에센셜 오일의 향기와 효능으로 답답함과 불쾌감이 줄고 기분이 상쾌해집니다. 사용한 마스크를 벗을 때 항균도 돼요.

만드는 법 ❶ 무수에탄올 5mL에 에센셜 오일 6~12방울을 넣어 잘 섞는다.
❷ 정제수 25mL를 넣고 잘 섞는다.

* 에센셜 오일은 상쾌함이 느껴지는 유칼립투스나 페퍼민트, 감귤류, 라벤더를 추천합니다. 섞어서 향을 만들어도 좋아요.
* 무수에탄올 대신 팅크제를 사용할 수 있는데, 얼룩이 질 수 있으니 마스크 안쪽에 뿌리세요.

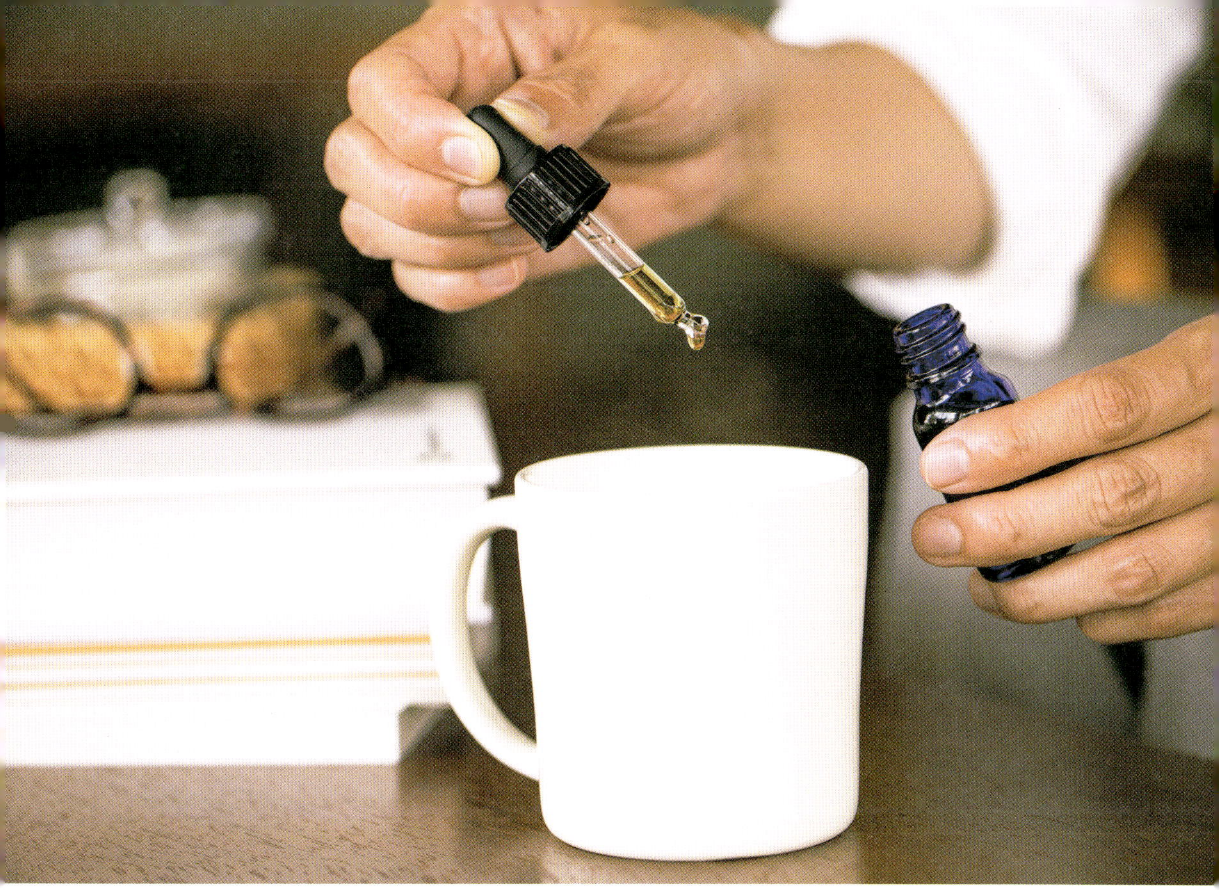
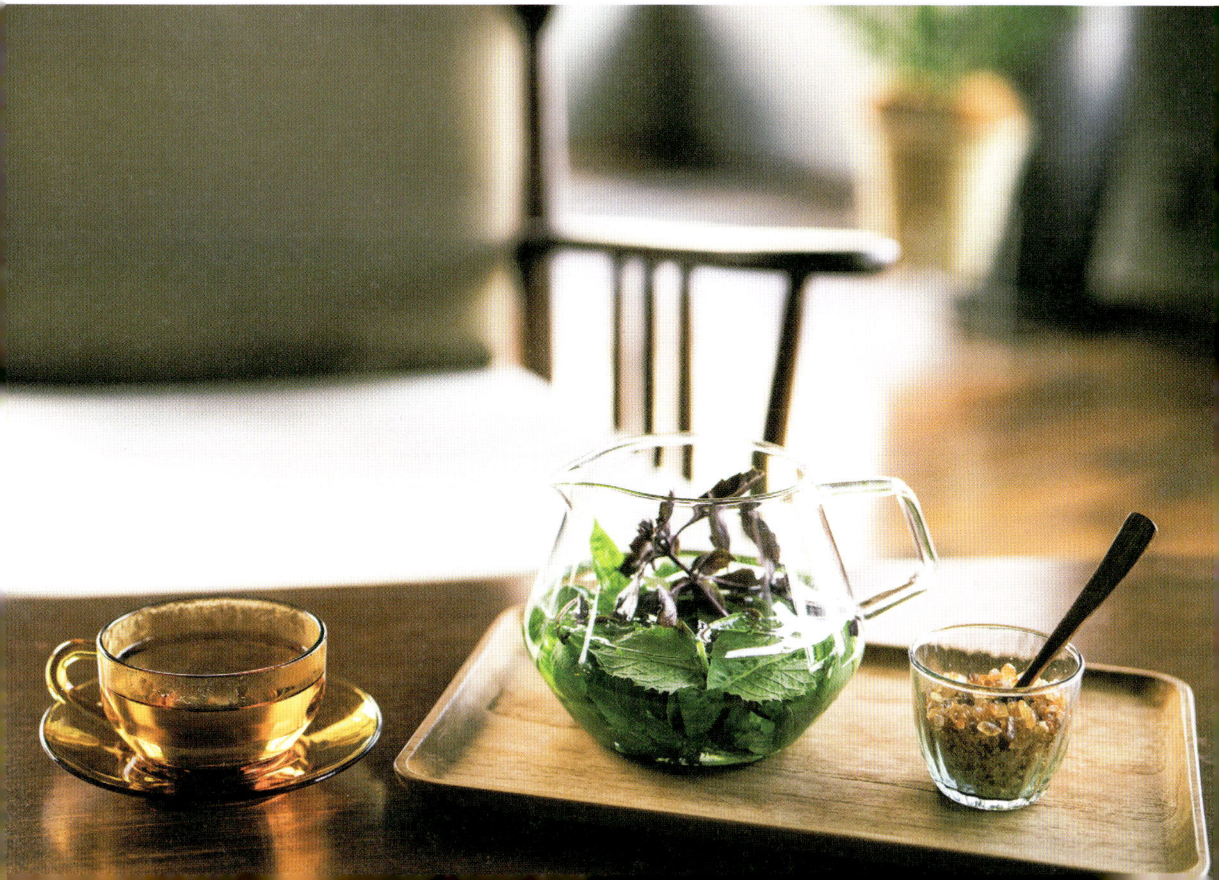

호흡기 증상 완화

목이 따끔거리면 타임을 활용해요

감기로 기침이 멈추지 않거나 목이 따끔따끔 아프고 그렁그렁 가래가 끓는 등 호흡기가 불편하다면 허브를 활용해보세요. 타임 등 살균·항바이러스작용이 있고 점막을 보호하는 허브차를 마셔도 좋고, 허브를 달인 물에 단맛을 더한 목 관리용 스프레이도 추천합니다. 우리 집에서는 항균·살균작용이 뛰어난 마누카 꿀을 넣었어요. 꿀의 점성이 약효를 목에 오래 머물게 해 통증이나 불쾌함을 줄이는 데 도움이 돼요. 맛있어서 아이들에게도 인기 있답니다.

목 관리용 스프레이

치료법

❶ 타임, 로즈메리, 세이지를 달인다.

❷ 50℃ 정도로 식힌 뒤 마누카 꿀을 듬뿍 넣어 섞는다.

❸ 스프레이 용기에 담아 목이 따끔따끔 아플 때나 가글 마무리로 목에 뿌린다.

* 냉장고에 3일 정도 보관할 수 있어요.
* 보습, 기침 해소, 살균, 거담 등의 작용이 있는 벌꿀을 허브차에 넣는 것도 좋아요. 영아 보툴리누스증이 생길 수 있으니 1세 미만의 영아에게는 먹이지 마세요.

어린이 간호에 좋은 증기 흡입

폐, 기관지 등 하기도·비강 관리에는 증기 흡입이 효과적이에요. 항균작용이 있는 로즈메리, 타임, 민트를 사용하세요. 약효와 함께 후각을 자극하는 아로마테라피 효과도 얻을 수 있어요. 코를 잘 풀지 못하는 아이들은 감기가 악화하면 바이러스에 의한 중이염이 되는 경우가 많은데, 증기 흡입으로 코 막힘을 완화해 예방할 수 있어요.

--- **치료법** ---

❶ 세면대 또는 머그잔에 허브를 넣고 뜨거운 물을 붓는다.

❷ 몇 분 뒤 머리에 수건을 덮고 천천히 심호흡하듯 증기를 흡입한다.

* 이것만으로도 충분하지만, 성인용으로는 거담 효과가 있는 티트리, 유칼립투스 에센셜 오일을 넣어도 효과적이에요.

✦ 호흡기에 좋은 또 다른 허브

멀레인
아메리카 원주민이 기침 치료에 사용하던 허브로, 호흡기 관리에 최고예요. 차로 마시면 폐나 호흡기 점막에 작용해 가래를 배출해요.

마로우
꽃에 점액질, 안토시아닌, 타닌이 들어있어 진정·소염·수렴 작용을 해요. 호흡기가 불편할 때나 담배를 많이 피웠을 때 사용하면 좋아요.

소화기 증상 완화

소화기에는 꿀풀과의 허브가 좋아요

소화기에 도움이 되는 허브 중에서 제가 가장 먼저 선택하는 것이 민트나 세이지 같은 꿀풀과 허브예요. 꿀풀과 특유의 쓴맛이 효과가 있는 것 같아요. 소화불량이거나 속이 더부룩할 때 세이지나 민트로 만든 차, 팅크제를 마시면 편안해지는 것을 느껴요. 우리 집에서는 늘 튀김 요리를 먹은 뒤에 민트 차를 마십니다. 변비일 때는 로즈메리나 레몬밤을 차로 마시세요. 위나 대장의 근육인 평활근을 이완시켜 기능이 정상화되도록 도와요.

꿀풀과 외에 딜 씨앗도 위통이나 복부 팽만감을 완화하는 대표 허브예요. 달인 물을 1작은술 정도 마셔보세요. 캐모마일, 하귤이나 레몬, 유자 등의 감귤류도 소화기 장애에 자주 사용됩니다. 한방에서는 감귤 껍질을 말린 진피를 위장약의 원료로 써요. 집에서 만들 때는 무농약 감귤로 만드세요.

Tip ──── 침출유로 하는 셀프 마사지

변비에는 허브 침출유(p.66)를 사용한 하복부 트리트먼트가 효과 있어요. 손바닥을 배에 대고 배꼽에서 시계방향으로 부드럽게 문지르세요. 꿀풀과의 라벤더나 마조람 에센셜 오일을 캐리어 오일에 1% 농도로 희석해 사용해도 좋아요.

가벼운 화상 치료

카렌듈라 밤을 준비해두면 좋아요

화상을 입으면 우선 찬물로 환부의 열을 뺀 뒤 레몬밤이나 카렌듈라로 만든 밤을 바르세요. 카렌듈라는 상처 치료를 돕고 염증을 억제하는 작용을 하고, 자극이 적은 레몬밤은 따끔거리는 통증이 있을 때 사용하면 좋아요.
일반적으로 화상 증상 완화에는 라벤더 에센셜 오일, 알로에 과육, 말린 지치 뿌리인 자근, 캐모마일 등이 효과 있어요. 중요한 것은 자기 주변에 있는 식물을 활용할 수 있는가를 판단하는 것입니다. 증상이 심할 때는 병원에서 치료하세요.

불면증 개선

내 몸에 맞는 허브를 찾아요

불안이나 긴장 등의 스트레스로 잠이 오지 않을 때는 따뜻한 허브차가 좋아요. 불면에는 8가지 허브 외에 캐모마일과 라벤더가 유명합니다. 심리 상태가 원인이라면 허브의 종류보다 내가 좋아하는 맛이나 향을 고르는 것도 좋아요. 저는 레몬밤 차가 잘 맞아서 마시면 점점 노곤해져 어느덧 잠이 들어 버려요.

우유를 타서 마시면 긴장 완화 효과도 있어요. 우유에 포함된 성분이 긴장을 풀고 진정작용을 하는 물질인 세로토닌을 만드는 데 관여해서 신경을 진정시킨다고 합니다. 남편은 자기 전에 마시는 민트 밀크티가 도움이 되는 듯해요. 깔끔한 민트도 조합에 따라 진정 효과를 볼 수 있네요.

* 라벤더는 진정 효과가 좋은 허브지만, 독특한 쓴맛 때문에 차로 마시면 잠이 달아나 버린다는 얘기를 자주 들어요. 에센셜 오일이나 팅크제를 사용하거나 마시기 쉬운 허브와 섞어 차로 마시세요.

여성의 건강관리

자율신경의 균형을 조절하는 게 중요해요

생리 전 심신의 불편함, 생리통, 임신 중 권태감이나 부종, 갱년기의 원인을 알 수 없는 심신장애 등은 여성에게 피할 수 없는 과정이지요. 이 모든 문제의 해답은 여성호르몬의 균형이에요. 여성호르몬은 난소에서 가장 많이 분비되기 때문에 자궁이나 난소의 문제를 해결하면 될 것 같지만, 실은 뇌의 시상하부가 난소에 지령을 내리는 것입니다. 시상하부는 자율신경을 조절하는 곳이에요. 호르몬과 자율신경이 서로 영향을 미치고 있는 것입니다. 예를 들어 스트레스나 불규칙한 생활로 자율신경이 흐트러지면 여성호르몬의 분비 역시 흐트러지게 되어 생리전증후군과 갱년기 문제로 이어지게 돼요. 생활습관을 돌아보세요.

여성에게 효과 있는 허브 요법

허브 요법에서는 생리전증후군이나 생리통이 있을 때 세이지 팅크제를 지속해 섭취할 것을 권장하고 있어요. 세이지에는 여성호르몬인 에스트로겐과 유사한 기능이 있는 피토에스트로겐이 들어있어, 호르몬의 균형을 조절할 수 있기 때문이에요. 피토에스트로겐은 장내에서 대사되어야만 활성화되기 때문에, 요구르트 등 발효식품을 꾸준히 섭취해 장내 세균을 증식시키면 도움이 돼요.

저는 생리통처럼 생리와 관련된 불편함이 있을 때 레몬밤 차를 마셔요. 아이들을 심하게 혼내거나 '내가 지금 너무 신경질적이군' 하는 생각이 들 때죠. 마시면 기분이 차분하게 가라앉는 것을 느낄 수 있어요. 유럽에서도 예부터 생리통의 원인인 자궁 수축을 진정시키고, 생리 전의 초조함과 불안감을 줄이거나 출산 후 산모의 휴식과 강장을 위해 레몬밤을 활용해왔다고 해요.

얼굴이나 전신에 열감과 발한 증세가 있다면 세이지나 민트를 이용해 목욕해보세요. 몸에 열이 나는 것을 억제해, 땀이 덜 나고 기분도 상쾌해져요.

치료법

생리전증후군과 생리통	세이지 팅크제를 하루에 약 15mL씩 지속적으로 복용한다.
생리 중 예민함과 갱년기 우울감	레몬밤 차를 마신다. 레몬밤은 온화하게 작용하기 때문에 어린이, 노인, 임산부, 알레르기 체질의 사람도 편하게 사용할 수 있다.
갱년기 얼굴 홍조	세이지나 민트로 침출액을 만들어 목욕물에 넣고 목욕을 한다(p.127).

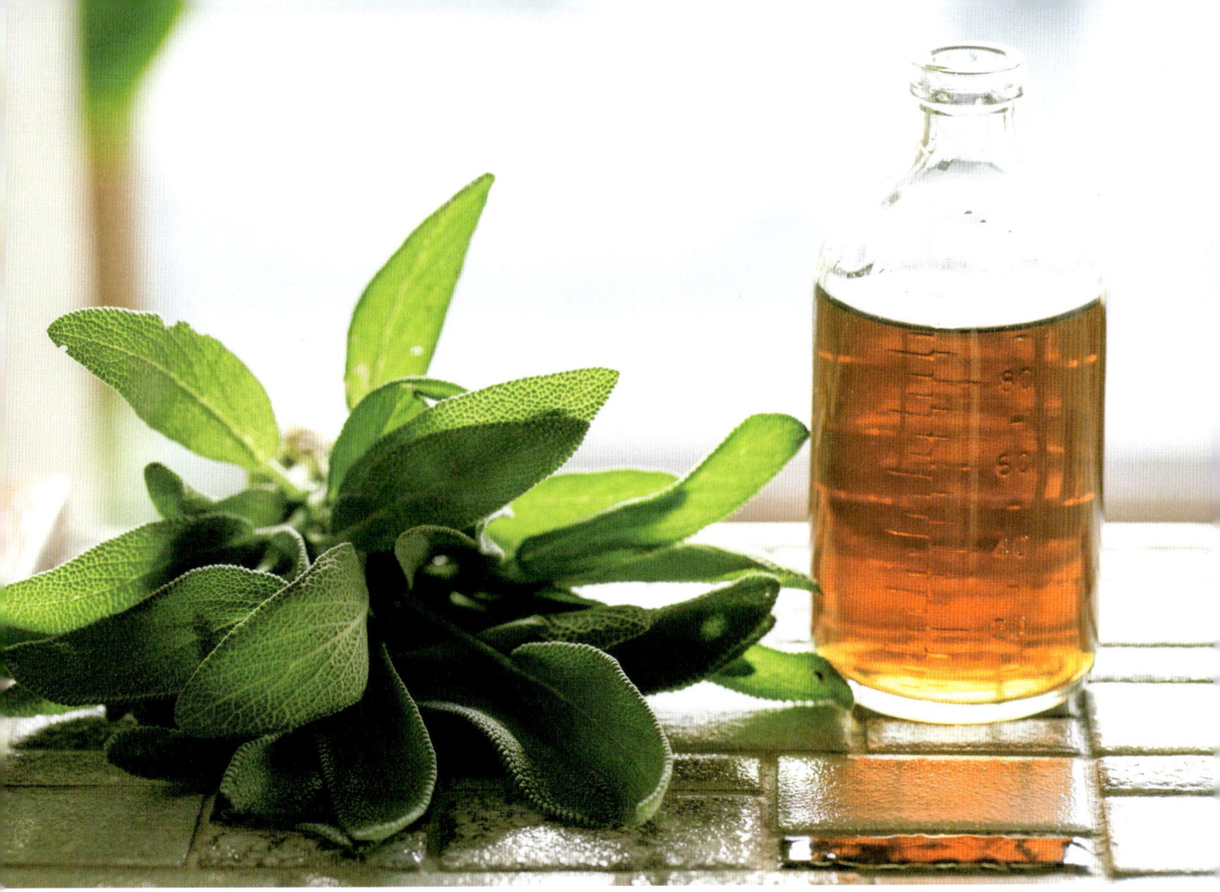

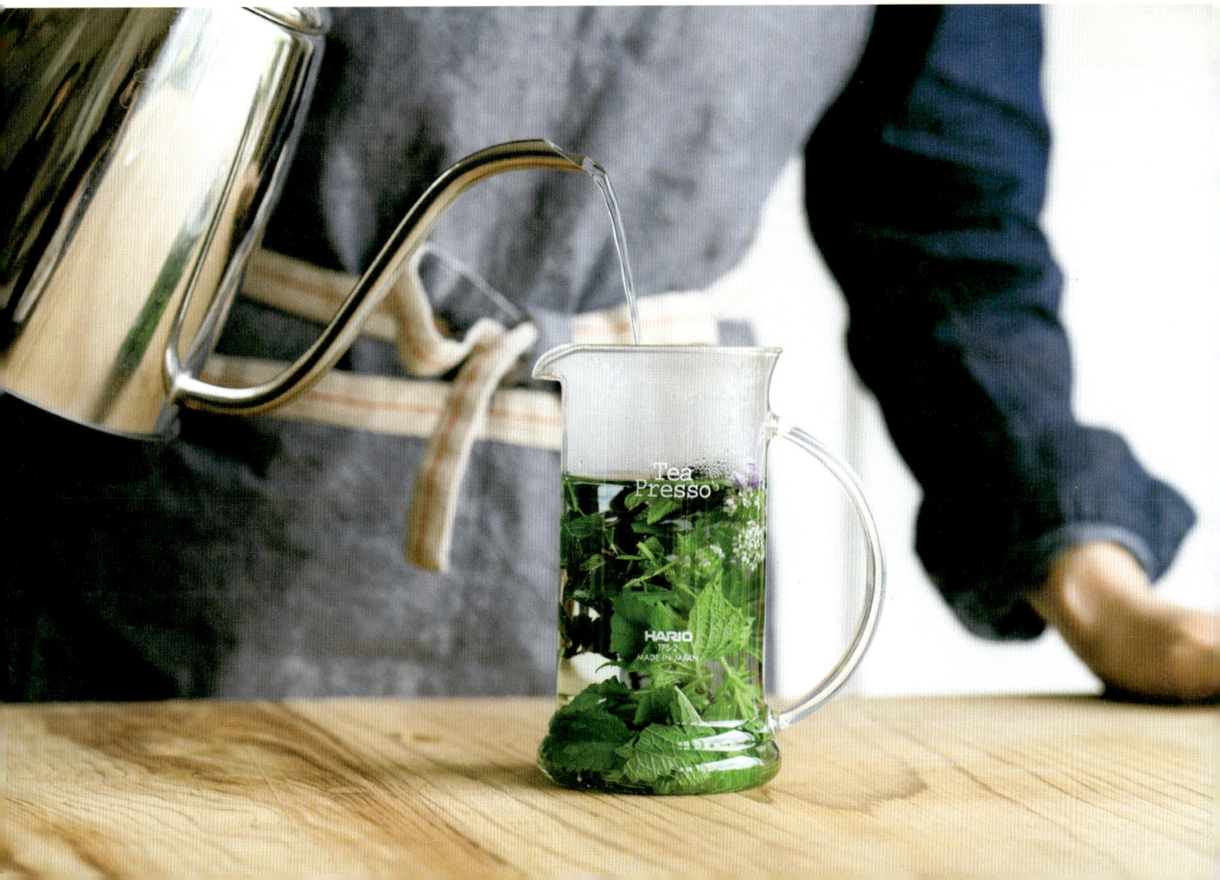
Tea
Presso
HARIO
TPS-2
MADE IN JAPAN

— Plus page

늘 먹는 채소를 이용한 피토테라피

프랑스나 독일의 피토테라피에서는 다양한 채소를 건강 회복과 유지, 미용에 이용해요. 현지 허브 사전에도 감자, 양파, 양배추 등 늘 먹는 채소의 성분과 예부터 내려오는 민간요법들이 소개되어있어요. 목적에 따라 도움 되는 채소를 식탁에 올리세요.

양배추
항암 효과를 시작으로 위 보호에 좋은 비타민 U, 혈액 산성화를 막는 라이신, 필수 아미노산인 트립토판 등 영양이 풍부한 채소예요. 독일에는 과음했을 때 양배추를 배에 붙이는 민간요법도 있다고 해요.

양파
양파에 함유된 황화아릴은 혈액을 묽게 해 동맥경화 예방에 도움을 줘요. 퀘르세틴은 지방 연소를 도와 다이어트에 좋습니다. 감기 초기에 잘게 썬 양파와 간장, 된장, 간 생강, 뜨거운 물을 섞어 5분 정도 두었다가 자기 전에 마시면, 땀이 빨리 나열이 내려요.

감자
피부가 햇볕에 노출되었다면 비타민 C가 풍부한 감자를 드세요. 기미나 칙칙함의 원인인 멜라닌을 억제하고 피부의 신진대사를 높여요. 또 생감자를 갈아 거즈에 싸서 화끈거리는 부위에 대면 열기가 빠집니다.

아티초크

어린 꽃봉오리를 먹는 것으로 알려져 있는데, 유럽에서는 대표적인 치료용 허브입니다. 잎에 함유된 시나린 성분은 간 기능을 높이고, 혈중 콜레스테롤 수치와 중성지방 수치를 내리는 효능이 있어요. 최근에는 잎에 피부의 칙칙함과 색소 침착을 예방, 개선하고 모공 수렴을 돕는 효능이 있다고 알려져 화장품도 출시되고 있어요. 잎으로 팅크제를 만들어 화장수로 활용해보세요.

오이

인도가 원산지인 오이는 3천 년 전부터 재배되어왔으며, 인도 전통의학인 아유르베다에서도 자주 사용돼요. 줄기와 잎은 해독작용이 뛰어나고, 과육에 부기를 빼는 이소크엘트린 성분과 지방분해 효소인 포스포리파아제가 들어있어 최근에 주목받고 있어요.

당근

영양 만점의 녹황색 채소예요. 저는 카렌듈라가 없을 때나 당근이 남았을 때 당근 밤을 만들어요. 말린 당근을 식물성 기름에 담그는 것 외에는 일반적인 방법과 같아요. 오렌지색 색소에 함유된 카로티노이드에는 피부를 보호하고 회복시키는 효과가 있다고 합니다.

Lesson 4

생활 속의 허브

가족의 건강관리, 벌레 물림이나 땀띠 등의 사소한 문제에도 허브는 커다란 활약을 해요. 식초와 식용 소다를 넣어 청소용 세제를 만들 수도 있고, 수확한 허브를 컵에 꽂거나 벽에 매달면 멋진 인테리어 소품이 되지요. 포푸리 등 가족이 함께 만들어볼 수 있는 허브 소품도 소개합니다.

여름철 피부 관리

곤충 기피제

여름철 방충을 위해 민트, 바질, 로즈메리, 레몬밤의 팅크제 스프레이를 추천합니다. 이들 허브에 함유된 향 성분(특히 알데히드류, 캄파)은 벌레가 싫어하는 향이기 때문이에요. 물론 시판 제품 성분인 디에틸톨루아미드의 강력한 효과에는 미치지 못하지만, 이 성분은 어린이에게 사용 횟수가 정해져 있을 정도로 강한 화학물질이에요. 저항력이 약한 어린이 피부에는 안전한 것을 사용하고 싶잖아요. 팅크제에 레몬그라스나 시트로넬라(레몬그라스와 닮은 벼과 식물) 에센셜 오일을 첨가해도 효과가 좋아요. 두 가지 모두 항균성이 좋고 모기가 싫어하는 시트랄 성분이 들어있어요.

벌레 물린 데

p.75에서 소개하는 바질 패치는 벌레에 물려 가렵고 부었을 때 최고예요. 예전에 밭에서 일하다가 말벌에 쏘였는데, 바로 근처에 있던 바질을 짓이겨 환부에 대었더니 통증이 확 가신 적이 있어요. 집으로 돌아와서도 바질 패치를 계속 붙였더니 부기가 빨리 빠졌어요. 이제는 다른 동료들도 응급처치에 활용하고 있습니다.

벌레에 물린 뒤 염증을 진정시키기 위해 팅크제도 사용할 수 있어요. 물린 후 붓거나 막 긁어서 피부에 상처가 났을 때 피부 회복 효과가 있는 카렌듈라 밤을 발라보세요. 항균이 목적이라면 여름철에 무성하게 자라는 야생 어성초로 만들어둔 팅크제를 발라도 좋아요. 이 경우에는 말린 것 말고 생 어성초를 사용하세요. 특유의 비릿한 방향 성분에 항균작용이 있는데 열을 가하거나 말리면 사라져버립니다.

* 저는 어성초 냄새를 싫어해서 미용 목적의 어성초 팅크제를 만들 때는 말린 것을 사용해요. 항균작용을 하는 성분은 날아가 버려도 미백작용으로 알려진 퀘르시트린, 플라보노이드, 클로로필 등 다른 성분들은 남아 있어요.

여드름, 땀띠에

여드름은 피지를 좋아하는 아크네 균이 염증을 일으키는 것으로 피지가 많은 곳에 번식해요. 땀띠는 땀을 많이 흘려서 땀이 지나가는 관이 막히는 바람에 피부 속에 땀이 피어 염증이 생기는 것이지요. 허브는 이처럼 일상적으로 생기는 피부 문제를 해결하는 데도 도움이 돼요. 모두 항균작용이 뛰어난 허브로 만든 화장수(p.117)를 바르고 피부를 깨끗하게 유지하면 개선됩니다.

땀띠가 온몸에 생겼다면 Type 1의 허브(p.16)로 목욕하는 것을 추천해요. 욕실에서 나오면서 준비해둔 침출액을 온몸에 바르는 것으로 목욕을 마무리하세요. 어린이나 아기 피부에도 부담을 주지 않아요. 또 깨끗한 피부를 유지하려면 유수분 밸런스가 중요합니다. 얼굴을 자주 씻으면 피지가 없어지기 쉬우므로 피지 막 보호를 위해 마지막에 카렌듈라 밤을 바르는 것도 좋아요.

양미역취는 키가 큰, 거품 나는 풀이라는 별명처럼 높이 50cm부터 2m까지 자랍니다.

Tip —— 다양한 효능의 양미역취

가을이면 들판을 노란 꽃으로 물들이는 양미역취. 영어 이름은 Golden Rod(황금 지팡이)입니다. 귀화식물로 번식력이 아주 강해 재래종에 영향을 주는 성가신 잡초라는 이미지가 강해요. 아메리카 원주민은 오래전부터 진통제, 정장제, 해열제 등으로 사용해왔다고 해요. 최근에는 아토피성 피부염, 꽃가루 알레르기 증상을 완화하는 기능이 알려졌습니다.

노란색 꽃과 잎에는 항산화 작용이 있는 폴리페놀, 염증을 억제하는 플라보노이드류가 많이 함유되어있어요. 말려서 허브차로 마시고, 목욕도 해보세요. 거품 나는 풀이라는 별명처럼 물에 넣으면 보그르르 거품이 납니다.

* 드라이 허브를 만들기 위해 실내에 달아두는 것만으로 멋진 인테리어 소품이 돼요. 꽃가루 알레르기가 신경 쓰인다고 하지만 그건 오해입니다. 양미역취는 바람을 통해 수분하는 식물이 아니라 꿀벌 등 벌레가 수분하는 식물이에요. 꼭 활용해보세요.

가족의 헤어 관리

두피 관리

두피는 모발의 기반이에요. 매일 깨끗하게 관리해야 건강하고 윤기 있는 머릿결을 유지할 수 있어요. 또한 얼굴과 두피는 이어져있기 때문에 두피 관리를 잘 못하면 얼굴 주름에도 영향을 미쳐요. 반대로 말하면 두피 마사지로 얼굴의 리프트 업 효과까지 기대할 수 있지요. 특히 로즈메리는 예부터 유럽에서 두피 관리에 사용해온 허브예요. 플라보노이드와 타닌 성분이 두피 수렴과 모발 성장에 도움을 준다고 합니다.

두피 관리법

샴푸 전 마사지할 때	로즈메리 침출액 또는 달인 물을 사용한다. 두피에 충분히 바르고 꼼꼼하게 마사지한 뒤 샴푸한다.
샴푸 후 바를 때	로즈메리 팅크제 5mL, 글리세린 5mL, 물 40mL를 잘 섞는다(약 1개월분). 이것을 조금 덜어 두피에 바른다.　＊글리세린은 보습 효과를 높이기 위해 사용합니다.

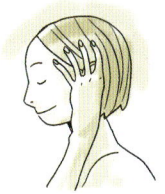

허브 샴푸

샴푸는 머리카락과 두피를 동시에 씻어줍니다. 두피는 얼굴이나 몸보다 유분이 많아서, 시판하는 샴푸는 탈지력이 강한 것이 많아요. 하지만 탈지력이 강한 샴푸를 사용하면 두피에 자극이 됩니다. 가능한 한 세정력이 너무 강하지 않은 샴푸를 선택하세요.

저는 시판하는 샴푸(물, 칼리 비누 베이스가 원료인 것)에 로즈메리나 세이지 침출액을 더해서 우리 집만의 샴푸를 만듭니다. 샴푸와 침출액을 1:1로 섞는 것을 기본으로, 취향에 따라 침출유나 에센셜 오일을 첨가해도 좋아요. 저는 곱슬머리고 머리숱이 많아서 호호바 오일을 넣어 촉촉하게 마무리하는데, 남편은 두피의 수렴 효과를 얻기 위해 로즈메리 팅크제를 넣습니다.

＊ 샴푸로 머리를 감고 나면 샴푸의 알칼리 성분 때문에 모발이 뻣뻣해져요. 산성인 식초를 넣어 린스를 하면 촉촉하게 마무리됩니다. 린스는 드라이 로즈메리 1큰술을 뜨거운 물 2컵에 담가 침출액을 만든 뒤, 식혀서 허브를 걸러내고 식초 1큰술을 첨가하면 돼요.

허브 크래프트

허브를 집에 장식하거나 허브로 여러 소품을 만드는 일은 즐거운 일이에요. 꽃다발은 선물로도 좋고요. 저는 손재주도 없고 잘 열중하지도 못하는 편이지만, 평소에 즐기는 간단한 아이디어를 소개하겠습니다.

냅킨 링

로즈메리 가지를 길게 잘라 빙그르르 둥글게 말아보세요. 단단한 부분보다는 부드러운 가지로 하는 게 좋아요. 마 끈으로 냅킨을 묶고 마음에 드는 허브를 꽂아도 좋아요.

선물 장식

작은 사례나 여행지에서 사 온 선물에 허브를 곁들여보세요. 마끈을 이용해 자연스럽게 마무리하면 근사합니다. 향기가 좋은 민트, 타임, 로즈메리를 사용하면 좋아요.

허브 스웨그

스웨그는 독일어로 '벽장식'을 뜻해요. 좋아하는 허브나 꽃을 끈으로 묶어 벽에 매달아 장식하는 것이지요. 한 종류의 허브로 또는 꽃다발처럼 여러 종류를 섞어서 만들어 창가에 달아두면, 상쾌한 바람과 함께 향기가 전해집니다.

허브 꽃꽂이

꽃병도 좋지만 넓은 접시나 사발 같은 생활 그릇에 허브를 담아 연출해보세요. 가지가 짧은 허브가 담아두기 좋아요. 현관이나 식탁에 두면 장식하지 않은 듯 멋이 납니다. 집 안을 향기로 장식해보세요.

향기를 즐기는 소품들

포푸리는 예부터 전해지는 향 조합 방법의 하나로 드라이와 모이스트 2종류가 있습니다. 글리세린 비누로 만든 나만의 비누는 장식으로 사용해도 좋아요.

모이스트 포푸리

모이스트 포푸리는 생 허브와 소금을 한 층씩 번갈아 쌓아 만들어요. 소금은 부패와 곰팡이를 막아 오랜 시간 보존할 수 있게 하지요. 유리병에 담아두면 장식이 되고, 향기를 즐기고 싶을 때는 뚜껑을 여세요. 그러다가 향기가 연해지면 차 거름망에 담아 허브소금 목욕을 즐기세요. 금목서 같은 향기 좋은 꽃을 넣으면 향기롭고 예뻐요.

드라이 포푸리

드라이 허브, 나무 열매, 향신료 등을 뚜껑 있는 용기에 담고 좋아하는 향의 에센셜 오일을 4~5방울 떨어뜨리세요. 뚜껑을 열어두면 1주일 정도 향기를 즐길 수 있어요. 향이 약해지면 다시 에센셜 오일을 첨가하세요. 향기를 충분히 즐기고 나면 차 거름망에 넣어 허브 목욕을 즐기세요.

향주머니

자연 소재의 천으로 바느질해서 주머니를 만들고 드라이 허브로 채우기만 하면 돼요. 화장실, 옷장, 침실 등 용도별로 다른 허브를 넣어보세요. 사진은 리넨 주머니를 사용했습니다.

글리세린 비누

글리세린 비누는 중탕으로 녹여 붓고 굳히기만 하면 돼 쉽게 만들 수 있어요. 천연 보습 성분인 글리세린이 풍부하게 함유되어있답니다. 비누가 굳기 전에 생 허브를 올려 장식하세요. 중탕할 때 계핏가루를 넣어 색과 향도 입혔습니다.

허브로 청소하기

집 안의 더러움은 허브나 비누, 식초, 베이킹 소다 등 인체와 환경에 무해한 소재로도 대부분 제거할 수 있어요. 지독한 얼룩 외는 직접 만든 세제로 충분히 지워지며, 손도 거칠어지지 않고, 청소하면서 흡입해도 답답하지 않아요. 반대로 좋은 향에 기분이 좋아지고 사용할 때마다 피부가 촉촉해져요. 생활 배수로 인한 환경 오염이 덜한 것도 매력입니다. 허브로 자연주의 청소를 시작해보세요.

허브 식초

식초의 청소 효과는 ①물을 사용하는 장소의 오염 제거 ②탈취 ③살균 등 3가지입니다. 식초는 산성이기 때문에 물때나 검은 곰팡이, 비누찌꺼기 등의 알칼리성 오염에 강하고, 부엌 싱크대나 전자레인지, 세면대 거울 등의 청소에 적당해요. 암모니아 냄새도 알칼리성이라서 없앨 수 있어요. 식초에 포함된 아세트산에는 항균·살균작용도 있습니다. 식중독이 걱정되는 계절에는 도마와 칼의 살균에 사용할 수 있어요. 실은 허브가 없어도 효과는 비슷하지만, 식초에 향기를 입히면 청소 중에도 청소 후에도 좋은 향기가 납니다.

스프레이 용기에 식초 500mL를 넣으세요. 식초의 종류는 무색이고 냄새가 순한 화이트 식초나 곡물 식초를 추천합니다. p.62 팅크제와 같은 요령으로 좋아하는 허브를 1주일간 담가두면 돼요. 드라이 허브나 생 허브 모두 좋습니다.

베이킹 소다 클렌저

베이킹 소다는 기름때를 빼는 데 효과가 있어요. 베이킹 소다를 물에 녹이면 약알칼리성이 되기 때문에 산성인 기름때를 중화해 떨어지기 쉽게 합니다. 고기나 생선 등 산성 악취도 중화할 수 있어요.

입자가 작고 물에 잘 녹지 않아 연마재 역할도 해요. 드라이 허브를 믹서 등으로 갈아서 첨가하면 스크럽 효과가 더해져 더러움이 더 쉽게 제거됩니다. 태운 냄비나 그릇, 카펫의 오염을 제거하는 데도 매우 편리해요.

베이킹 소다 50g, 에센셜 오일 5~10방울, 드라이 허브 가루 1~2큰술을 섞으세요. 민트나 유칼립투스 등의 에센셜 오일을 섞은 베이킹 소다를 카펫에 뿌리고 나서 청소기로 빨아들이면 역한 냄새를 없앨 수 있어요. 아이가 토했을 때나 이불에 오줌을 쌌을 때 뒤처리하기도 좋아요.

Lesson 5

미용 관리와 힐링

허브를 직접 키워 피부 관리와 몸매 관리에 활용할 수 있어요. 전용 재료를 준비하면 화장품을 만들 수도 있는데, 사는 것보다 훨씬 경제적입니다. 피부대사의 원리도 공부하고, 허브를 미용에 효과적으로 활용하는 요령도 배우세요.

기초 피부 관리

매일 하는 피부 관리에는 항산화작용이 뛰어난 Type 1의 허브(p.16)로 만든 화장수와 침출액 마스크 팩을 추천합니다. 물론 판매하는 화장품의 장점도 많겠지만, 화장품이 피부가 먹는 것이라고 생각하면 몸에 더 좋은 자연친화적인 것들을 주고 싶어져요. 허브 재배를 기회로 화장품도 직접 만들어 사용해보세요.

우선 화장수를 만들어보세요. 재료는 직접 만든 팅크제와 침출액 그리고 보습제인 글리세린이 필요해요. 글리세린은 몸속에도 존재하는 알코올 성분 중 하나로 흡수성이 우수해 피부 각질층의 수분을 유지할 수 있어요. 약국에서 살 수 있는데, 식물성을 선택하세요. 좋아하는 에센셜 오일로 향기를 더하면 사용할 때마다 기분이 좋아집니다.

화장수 만드는 법

재료 글리세린 5~10mL, 허브 팅크제 5~10mL, **침출액** 30~40mL,
(약 50mL / 약 1개월분) 에센셜 오일 취향에 따라 2~3방울   * 침출액은 정제수나 하이드로졸로 대체할 수 있어요.

---

❶　침출액을 준비한다. 드라이 허브나 생 허브 모두 좋다.

---

❷　글리세린과 팅크제를 섞는다. 작은 비커가 있으면 계량하기 편하다.

---

❸　글리세린과 팅크제를 섞은 상태.

---

❹　에센셜 오일을 취향대로 넣는다. 여러 종류를 섞어도 좋다.

---

❺　침출액을 거즈나 커피 필터에 거른다.

---

❻　재료를 잘 섞는다.

---

* 3종류 정도의 허브를 준비해 2~3개월마다 바꿔 사용하면, 피부에 계속 신선한 자극을 줄 수 있어요.
　침출액으로 만드는 화장수는 상하기 쉬우니, 냉장 보관하고 빨리 사용하세요.

119

보습

겨울철 건조한 피부 관리

건조함은 아름다운 피부에 치명적인 적이에요. 건조함을 방치하면 주름이나 처짐으로 이어지므로 1년 내내 보습에 유의해야 해요. 특히 겨울철에는 대기가 건조하기 때문에 피부 장벽이 약해져 민감한 피부가 아닌데도 쉽게 거칠어져요.

피부 온도가 내려가면 피지선의 기능이 둔해져 피지 분비가 줄어드는 경향이 있어요. 그러면 수분이 날아가는 것을 막는 피지 막이 형성되지 않아 수분이 점점 빠져나가게 됩니다. 겨울 기운을 느끼면 허브의 힘을 빌려 피지의 양을 유지시키세요.

• 피지 관리

피지 분비가 약해지는 겨울에는 외부에서 유분을 보충해야 해요. p.70에서 소개하는 밤은 최고의 선택입니다. 밀랍과 침출유의 비중은 계절에 맞게 조절하세요. 봄가을에는 1:4, 여름에는 1:3, 겨울에는 1:5로 조절하면 적당히 잘 발려 사용하기 좋아요.

원하는 대로 만들어지지 않았을 때는 밤을 다시 중탕으로 녹여서 딱딱하면 침출유를, 너무 무르면 밀랍을 더해 조절하세요. 취향에 따라 아보카도 버터나 시어 버터를 조금 첨가하면 보습력이 한층 좋아집니다. 눈가 주름과 처짐, 입술 보습 등 포인트 관리에 도움이 돼요.

• 보습 크림

밤보다 부드러운 촉감을 선호하는 사람에게 적당해요. 재료 중 유화왁스는 섞이지 않는 유분과 수분을 섞을 수 있는 계면활성제예요. 자연에서 얻은 것으로, 가열하지 않고 간단하게 사용할 수 있는 해바라기 유화왁스를 권장합니다. 천연 100%는 아니지만, 첨가제가 많이 들어있는 시판 크림보다 피부에 좋다고 느껴요.

보습 크림 만드는 법

재료 해바라기 유화왁스 3~5g, 정제수 30mL, 침출유 5mL

❶ 밤용 용기에 해바라기 유화왁스와 정제수를 넣고 막대로 잘 섞는다.
처음에는 덩어리가 생기지만, 그대로 계속 섞으면 완전히 풀어진다.

❷ 침출유를 첨가해 잘 섞는다.

＊ 냉장고에서 약 2주간 보존할 수 있습니다.

피지 분비를 돕는 마사지

침출유로 얼굴을 마사지해 추위로 피지 분비가 약해진 피지선을 활성화하세요. 마사지를 하면 피부 온도가 올라가고 피지선이 자극되어 다시 활동을 시작합니다. 다만 원래의 환경으로 돌아가면 바로 활동을 멈추게 돼요. 매일 꾸준히 하는 게 중요합니다.

Tip ━━━ 얼굴 마사지 요령

스스로 얼굴 마사지를 할 때 포인트는 2가지예요. 첫 번째는 림프의 흐름에 따르는 거예요. 신체의 말단에 있는 가는 림프관은 가까이 있는 림프절을 거쳐 보다 굵은 관으로 모이면서 쇄골로 이어져요. 그리고 쇄골 아래에서 정맥과 합류하여 최종 노폐물이 신장을 거쳐 소변으로 빠져나가게 해요.

두 번째는 힘 조절입니다. 림프의 흐름을 따르는 마사지는 천천히 부드럽게 하는 것이 중요해요. 주위의 근육을 풀어줄 때는 조금 강하게 해도 좋지만, 주요 림프절 부근(귀 앞, 쇄골 주변, 겨드랑이 아래)은 너무 세게 누르지 않도록 주의하세요. 각 부위의 마사지가 끝나면 목덜미를 따라 아래로 쓸어줘서 림프액이 쇄골의 중심으로 흐르게 하세요.

- 이마 쓸어 올리기
  손바닥을 밀착해 양손으로 번갈아 이마를 쓸어 올립니다.
- 미간 주름 펴기
  양손의 중지와 약지로 미간을 끌어올립니다.
- 볼 끌어올리기
  안쪽에서 바깥쪽으로 원을 그리듯이 볼을 끌어올립니다.
- 코 옆 가볍게 마사지하기
  양손의 중지로 입 꼬리에서 눈머리까지 코 옆을 위아래로 가볍게 문지릅니다.
- 얼굴선 끌어올리기
  얼굴선을 검지와 중지에 끼워 턱 끝에서 귀까지 끌어올립니다.
  오른쪽 턱은 왼손으로, 왼쪽 턱은 오른손으로 하세요.

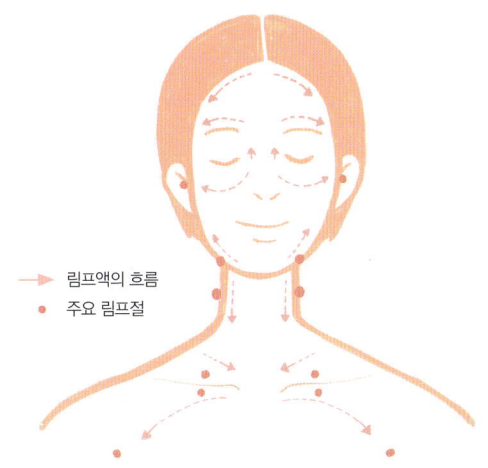

→ 림프액의 흐름
• 주요 림프절

페이셜 스팀

생 허브 또는 드라이 허브에 뜨거운 물을 붓고 올라오는 수증기를 쐬면, 혈액순환이 잘되고 모공이 열려 노폐물이 빠져요. 무엇보다 향기가 좋아 기분이 새로워집니다. 겨울철 피부가 건조해져 잔주름이 신경 쓰일 때도 바로 효과를 볼 수 있어요.

스팀법

- 세면대에 좋아하는 생 허브를 넣고 뜨거운 물을 부으세요. 뜨거운 물에서 20cm 정도 위에 얼굴을 대고 수건을 뒤집어써서 수증기가 밖으로 새지 않게 합니다. 눈을 감고 5분 정도 수증기를 쐰 뒤, 화장수를 꼼꼼하게 발라 보습하세요.
- 얼굴 관리가 끝나면, 물 온도를 조절해 손이나 발을 담그세요. 허브를 체에 걸러 목욕물에 넣고 목욕을 즐겨도 좋아요.

칙칙한 피부 관리

칙칙한 얼굴의 주된 원인은 혈액순환이 잘 안 되는 거예요. 몸의 냉기가 원인이라면 페이셜 스팀으로 혈행을 좋게 한 뒤, 카렌듈라나 로즈메리 침출유로 얼굴 마사지(p.123)를 하세요. 림프와 혈류가 개선되어 피부색이 밝아져요. 마사지로 노폐물과 독소가 배출되면 얼굴 주위의 신진대사가 좋아져 탄력과 투명감도 되살아납니다.

영양이 부족하고 피로 물질이 쌓여 칙칙해진 것이라면, 우선 침출액 팩으로 얼굴에 영양을 충분히 공급하세요. 피부대사가 둔화되었을 때는 허브 스크럽(p.128)으로 오래된 각질을 제거하고 나서 마사지하면 효과적입니다.

Tip ─── 독소를 빼는 디톡스 워터

피부 관리와 함께 디톡스 워터로 몸의 독소를 배출하세요. 좋아하는 생 허브와 귤껍질, 채소 등을 생수에 4시간 이상 담가두면 됩니다. 비타민 C와 칼륨이 물에 녹아나와 효율적이고, 끓이면 나오는 쓴맛이나 아린 맛도 없어 마시기 좋아요. 비타민 C의 항산화작용도 기대할 수 있어요.

* 감귤이나 채소의 껍질을 사용하려면 무농약으로 재배한 것을 선택하세요.
* 만들어두지 마세요. 그날 만들어 가장 신선하고 맛있을 때 모두 마시세요.

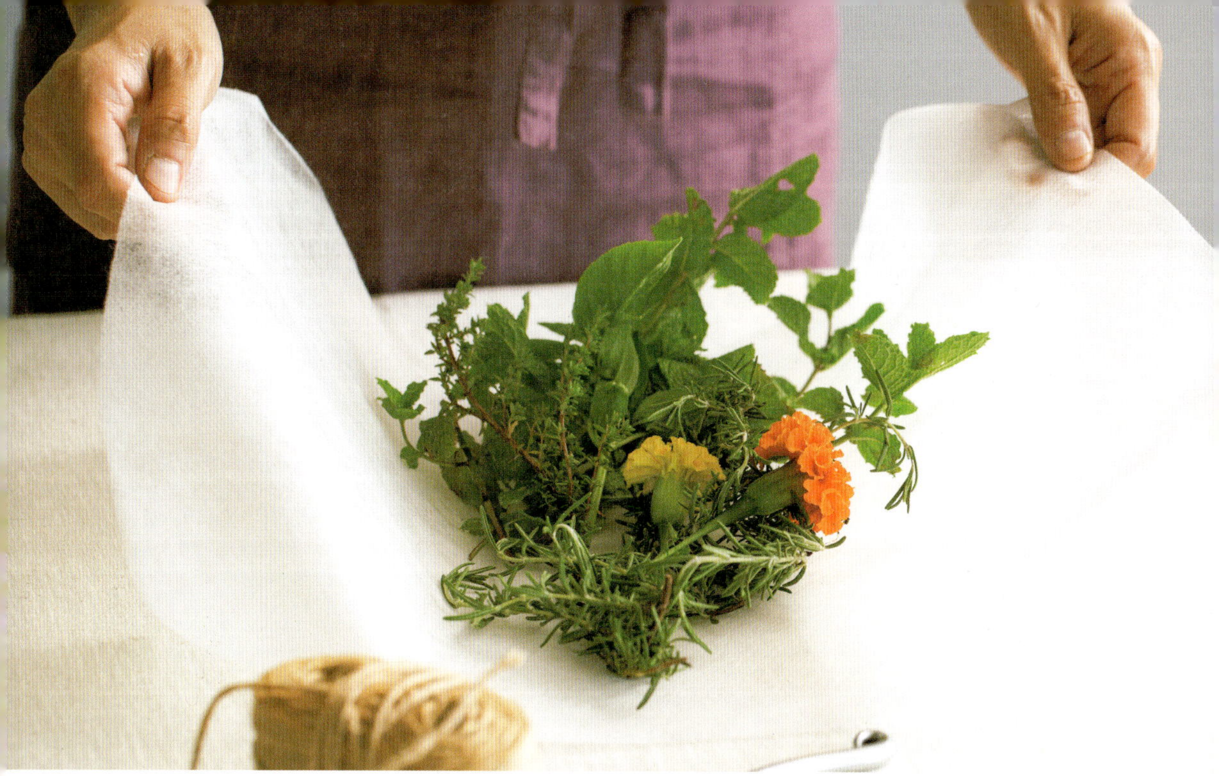

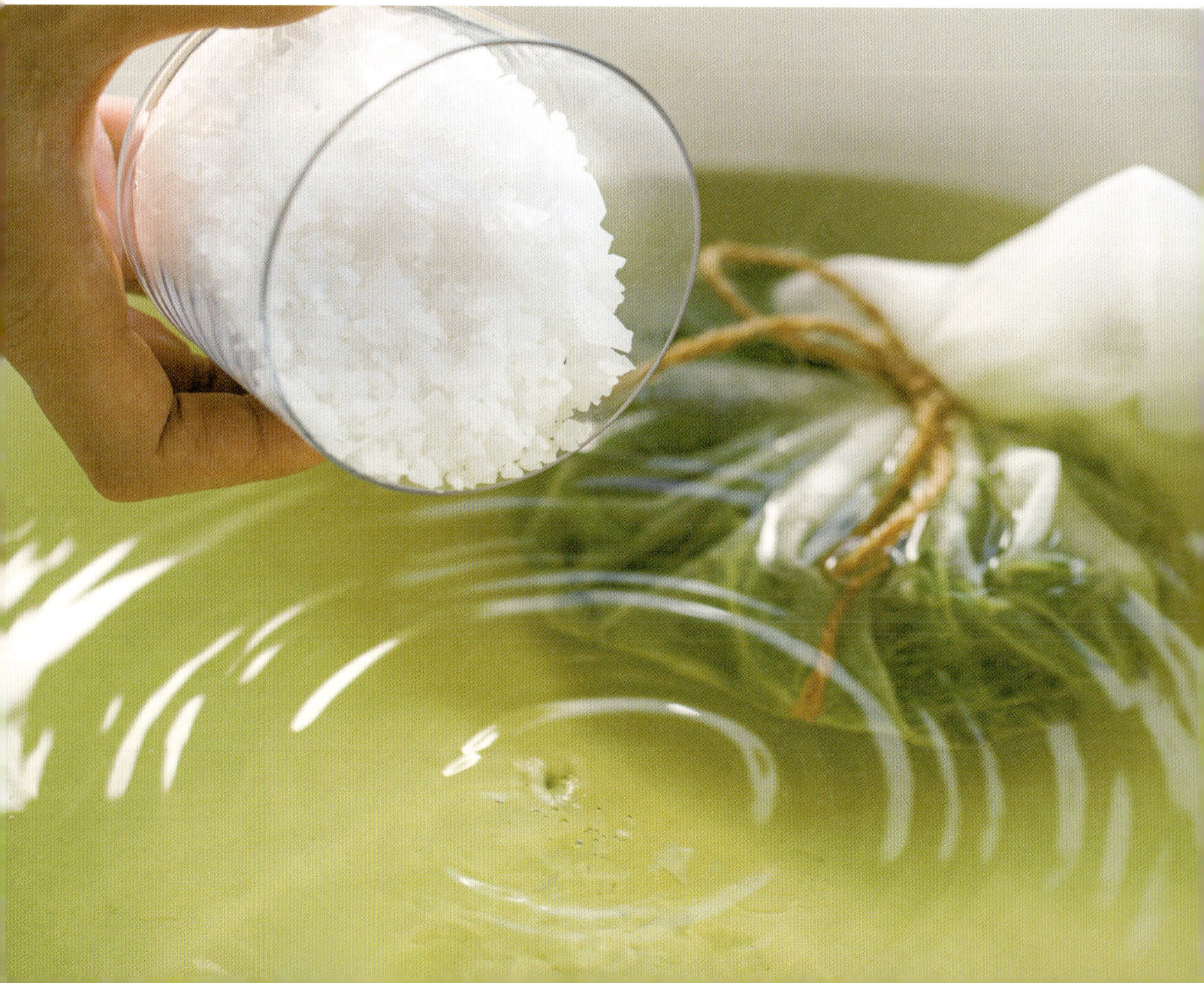

욕실에서 하는 피부 관리

목욕은 긴장을 푸는 가장 좋은 방법이고, 스스로 하는 피부 관리예요. 자신이 키운 허브로 얼굴과 몸 전체를 관리할 수 있어요. 목욕으로 체온을 높여 혈액순환을 개선하면 감기나 감염병을 예방하는 데 도움이 되고, 어깨 결림이나 근육통도 개선돼요. 몸이 따뜻해지면 피부가 허브의 유효성분을 더 잘 흡수한다는 보고도 있습니다.

허브 목욕

허브 목욕이라고 하면 장미꽃잎을 띄운 욕조를 떠올리는 사람이 있을지도 모릅니다. 하지만 이것을 집에서 하는 것은 비현실적이에요. 비용도 많이 들고, 하수구 청소도 어렵지요. 또한 이 방법은 향기는 즐길 수 있지만, 목욕물의 온도가 낮기 때문에 허브의 유효성분이 충분히 추출되지 않는 경우가 많아요. 쉽고 효과적인 침출액 목욕법을 소개합니다.

좋아하는 생 허브나 말린 허브를 거즈로 싸서 그릇에 넣고 뜨거운 물을 부으세요. 8가지 허브에 연연할 필요 없어요. 삼나무나 소나무 등 집 주변의 수목, 쇠뜨기, 쑥, 닭의장풀 등의 야생 허브, 귤이나 유자 껍질 등 뭐든지 상관없어요. 10분 정도 두었다가 목욕물에 넣기만 하면 됩니다. 거즈로 싼 허브 볼도 같이 넣어 어깨를 누르거나 얼굴을 마사지하며 목욕을 즐겨보세요. 미용 효과도 높아져요.

침출액을 만들 때 에센셜 오일을 2~3방울 넣어도 좋아요. 그런 경우에는 추출할 때 비닐 랩을 씌워 방향 성분이 날아가지 않게 하세요.

> **Tip ——— 허브 목욕 요령**
> - 허브의 유효성분을 충분히 추출하기 위해 끓는 물을 사용하세요.
> - 생 허브를 15~20g 거즈로 싸는 경우에는 흔들거나 스푼으로 눌러도 돼요. 말린 허브도 가능합니다.
> - 사해소금, 돌소금 등 미네랄 성분이 풍부한 천연 소금을 넣어도 좋아요. 발한을 촉진하기 때문에 디톡스와 다이어트에 도움이 됩니다.

로즈메리를 추천합니다

로즈메리는 우리 집 대표 허브예요. 로즈메리 침출액은 수지 성분이 욕조에 달라붙는 일도 없고 청소도 간단합니다. 참고로 로즈메리를 알코올에 담가 증류한 물을 헝가리 워터(젊어지는 물)라고 하는데, 14세기 헝가리 왕비(엘리자베스 1세)에게 이 증류수가 바쳐졌고, 이것을 사용한 70세 왕비가 순식간에 젊어져 20세 폴란드 왕자에게 청혼을 받았다는 전설 때문이에요. 이 전설의 주인공이 되기를 기대하며 목욕을 즐겨보세요.

허브 스크럽

무릎, 팔꿈치 등 각질이 생기기 쉬운 부위도 목욕할 때 관리하세요. 뻣뻣하고 거칠거칠한 부위에 바르고 나선을 그리듯 부드럽게 문지르면, 미네랄 소금과 허브 스크럽 효과로 피부가 매끄러워져요. 재료를 섞기만 하면 되는 간단한 방법입니다.

재료(2~3회분)   미네랄 소금 100g, 침출유 1큰술, 좋아하는 허브 가루 1작은술, 좋아하는 에센셜 오일 5방울까지

* 허브 가루는 말린 허브를 믹서 등으로 간 것입니다.
* 소금 대신 설탕을 넣은 설탕 스크럽도 좋아요. 수렴 효과가 있는 소금 스크럽에 비해 순한 보습작용을 기대할 수 있어요. 침출유와 설탕의 비율은 1:1입니다.

모공 청소

p.75에 소개한 패치(허브를 직접 붙이는 방법)는 피지 분비가 많아지는 여름철 모공 세정에 가장 좋아요. 믹서 등으로 잘게 부순 허브 가루를 침출액에 섞어 풀고 클레이 파우더(p.75)로 농도를 조절하세요. 오염물질을 잘 흡착하고 미네랄이 풍부한 클레이 파우더 외에 요구르트나 벌꿀도 도움이 됩니다.

재료   **허브 가루** 적당량, **침출액** 적당량, **클레이 파우더** 적당량

＊ 취향에 따라 과일이나 채소를 강판에 갈아 넣어도 좋아요.

몸매 관리

림프 마사지, 핸드 팩 등 몸매 관리에 허브를 사용하면 좋아요. 특히 피부로 흡수되는 마사지 오일은 안전한 것을 쓰는 것이 중요한데, 직접 기른 무농약 허브로 만든 것이라면 걱정 없어요.

셀룰라이트 해소 마사지

직접 만든 허브 침출유로 허벅지, 종아리, 옆구리에 오일 마사지를 해 아름다운 보디라인을 만들어보세요. 마사지는 림프의 흐름을 따라 하는 것이 중요합니다. 림프는 몸속을 돌아다니며 노폐물과 여분의 수분을 거둬들여 몸 밖으로 배출하는 역할을 하는데, 운동 부족이나 노화로 인해 근육량이 줄어들면 림프의 흐름이 정체되어 붓거나 셀룰라이트가 생겨요. 올바른 마사지 방법을 배워 부기와 셀룰라이트를 해소하세요.

• 허벅지

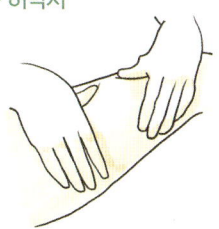
❶ 양손으로 허벅지 바깥쪽 살을 잡아 튕긴다. 살을 수직으로 당겨 올렸다가 톡 놓으면 된다. 좌우 15회 정도씩 한다.

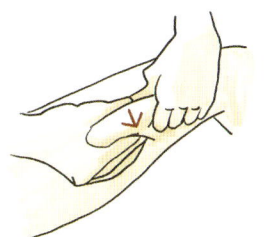
❷ 양손으로 허벅지 안쪽 살을 잡고 위에서 아래로 움직이며 풀어준다. 좌우 15회 정도씩 한다.

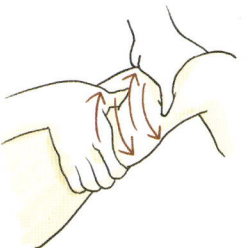
❸ 양손으로 허벅지 안쪽 살을 행주 짜듯이 비튼다. 무릎부터 사타구니까지 옮겨가면서 좌우 15회 정도씩 한다.

• 종아리

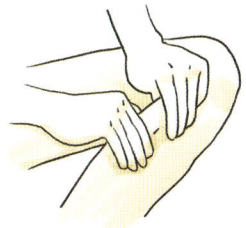
❶ 양손으로 종아리 안쪽 살을 잡아 튕긴다. 좌우 15회 정도씩 한다.

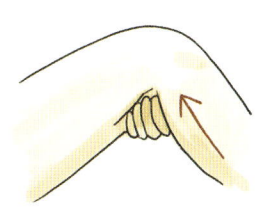
❷ 발목에서 무릎 아래까지 양손으로 번갈아 가볍게 쓸어 올려 림프를 흐르게 한다. 좌우 15회 정도씩 한다.

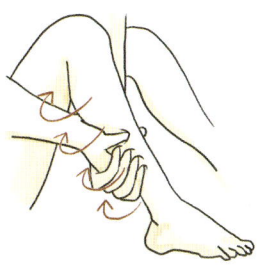
❸ 양손으로 종아리 아래쪽 살을 잡고 안으로 가볍게 문지른다. 발목에서 무릎 뒤까지 차례로, 좌우 3회 정도씩 한다.

---- Plus page

에너지 충전! 간단한 허브 음료

마음의 재충전을 위해 직접 재배한 허브로 나만의 음료를 만들어 보세요. 설탕이나 주스를 넣어도 좋아요. 향기롭고 맛있게 즐길 수 있어 몸에 기분 좋은 에너지가 가득 차요. 우리 집에서 자주 마시는 간단한 음료를 소개합니다.

좋아하는 허브 × 오렌지 주스

몸에 좋은 허브차를 아이들에게 먹이려면 오렌지 주스와 섞어 주세요. 여느 때처럼 허브차를 만들어서 얼음과 오렌지 주스를 넣기만 하면 됩니다. 상큼하게 마실 수 있어 어른들에게도 인기 있어요.

민트 × 커피

우리 집의 매일 아침 단골 메뉴예요. 커피 잔에 민트 잎 한두 개를 띄워보세요. 드립을 할 때 민트 잎을 함께 넣어도 좋아요. 민트 향이 은은하게 남아 상쾌한 맛의 모닝커피가 됩니다.

Tip ——— 겨울에 마시면 좋은 음료

겨울에는 유자즙에 생강과 꿀을 넣은 음료나 글루 와인(와인에 시나몬, 클로브, 감귤 슬라이스 등을 더해 데운 따뜻한 와인)으로 몸을 따뜻하게 하세요. 글루 와인은 레드와인이 대표적이지만 화이트와인도 맛있습니다. 시간이 없으면 마멀레이드를 더하기만 해도 좋아요. 따뜻한 위스키나 브랜디에 향신료와 설탕을 더한 핫 토디를 마셔도 따뜻해져요. 증류주와 물을 100mL씩 섞고 레몬 슬라이스 1쪽, 꿀 1작은술, 정향 5알을 넣으면 됩니다.

레몬밤 × 오렌지 × 홍차

홍차를 만들 때 생 레몬밤, 말린 오렌지 등을 넣으면 은은한 감귤향이 더해져 맛이 좋아져요. 여름에는 얼음과 탄산소다를 넣어 티 소다를 만들어도 맛있어요.

좋아하는 허브 × 유산균 음료

8가지 허브에는 들어가지 않지만, 히비스커스, 로즈힙처럼 신맛이 강한 허브는 유산균 음료(칼피스)와 섞으면 맛있어요. 진하지 않은 색도 매력적입니다.

프랑스 느낌으로
향기를 입히는 **앙퓨제**를 배워볼까요?

Lesson 6

요리에 활용하기

직접 기른 허브를 매일 요리에 활용하는 팁을 소개합니다. 저는 요리 전문가는 아니라서 레시피를 적지는 않을게요. 자세한 레시피가 필요하면 인터넷이나 책에서 찾아보세요. 하지만 레시피가 필요 없는 간단한 아이디어도 있으니 안심하세요.

앙퓨제는 향이 나는 재료를 뜨거운 액체에 담그고 뚜껑을 닫은 채 잠시 두어, 재료의 좋은 향이 액체에 배어들게 하는 프랑스 요리 기법이에요. 허브차는 가장 간단한 앙퓨제라고 할 수 있어요. 요령은 많은 양의 허브를 단시간에 우리는 것입니다. 이렇게 하면 쓴맛도 나지 않고 효과적으로 향기를 입힐 수 있지요. 끓인 물 또는 60~100℃ 정도로 데운 오일이나 버터에 3~5분간 담그세요. 향이 밴 수증기가 날아가지 않도록 뚜껑은 덮는 것이 좋아요. 한번 만들어보세요. 허브 요리의 폭이 훨씬 넓어집니다.

로즈메리 앙퓨제하기
로즈메리 가지를 미리 필요한 만큼 잘라서 준비해두세요. 데운 우유에 가지를 담고 향기가 원하는 만큼 진해질 때까지 담갔다 건져내고 새로운 가지 담그기를 반복합니다. 담그는 시간은 1회에 3~5분입니다.

로즈메리

익히는 요리에 한 줄기만 곁들여도 음식이 향기로워요

로즈메리의 상쾌한 향은 식재료에 쉽게 전달돼요. 재료의 냄새를 없애거나 풍미를 더할 때 사용해보세요. 생으로 먹기보다는 익히면서 향을 입히는 요리에 어울립니다. 생 허브는 향이 강하고 잡냄새가 적지만, 말린 허브는 향이 조금 약하고 잡냄새도 강하게 나기 쉬우니 적당히 우리고 건져내세요. 우선 스튜처럼 푹 끓이는 요리, 치킨 소테, 로스트, 버섯이나 어패류 마늘소스 요리 등에 한 줄기 넣어보세요. 늘 먹던 요리에 산뜻한 풍미가 더해져 정말 맛있어요.

①

| 1 | 로즈메리 포카치아 | 반죽을 굽기 직전에 로즈메리를 뿌리세요. 고온으로 굽기 때문에 로즈메리 수분이 날아가 바삭바삭 맛있어요. 많이 뿌려도 좋습니다. 블랙 올리브, 미니토마토, 브로콜리 등을 올리면 먹음직스럽게 연출됩니다.

| 2 | 비시수아즈 | 차갑게 먹는 감자 수프로, 로즈메리로 두 번 향을 내요. 먼저 감자와 양파를 볶을 때 몇 줄기 넣어 함께 볶은 뒤 바로 건져내세요. 두 번째는 베이스 수프에 우유를 넣어 끓일 때예요. 끓어오르면 로즈메리를 넣어 앙퓨제하세요. 저는 육수를 사용하지 않고 채소와 닭 날개를 함께 볶아서 만들어요. 맛있는 국물이 나오기 때문에 이 방법도 추천합니다.

| 3 | 로즈메리 밀크 잼 | 저는 우유 1컵, 생크림 1/2컵, 그래뉴당 150g으로 밀크 잼을 만드는데, 로즈메리로 앙퓨제해요. 끓인 우유에 로즈메리 몇 개를 넣고 3~5분 후에 건져내세요. 풍미가 원하는 정도로 될 때까지 담갔다 건져내기를 반복합니다. 저는 5~6회 정도 반복해요. 그러면 연한 초록색으로 예쁘게 변한답니다. 쓴맛이 나니 오랫동안 담그지는 마세요(p.135 앙퓨제 참고).

②

③

타임

부케가르니의 대표 허브로 생선요리와 잘 맞아요

청량감이 있는 향으로 고기나 생선의 잡냄새를 없애는 데 좋아요. 부케가르니(타임, 파슬리, 셀러리 월계수 잎 등을 묶어 만든 허브 다발)의 기본 허브로 스튜나 수프 등 푹 삶는 요리에 사용하고, 마리네 등 생식으로 즐기는 것도 추천해요. 특히 늦봄 개화기의 꽃과 잎이 맛있고, 꽃의 달콤함과 부드러운 향기는 지친 마음도 달래줍니다. 생선요리와 일식, 초무침이나 간장·된장으로 맛을 낸 볶음에도 잘 어울려요. 저는 돼지고기 생강구이에 레몬 타임을 넣습니다.

①

1   **정어리 허브 빵가루 구이**

생선구이를 서양식으로 만든 요리예요. 꽁치나 전갱이, 연어도 상관없어요. 내열용기에 생선살을 가지런히 놓고 소금으로 간해서 허브 빵가루(아래 Tip 참고)를 듬뿍 뿌려 구우면 돼요. 아이들이 원하면 치즈를 올려 굽기도 합니다. 조리 시간이 단축되는 것도 장점이에요.

2   **파프리카 마리네**

파프리카를 껍질이 검게 타도록 구우면 단맛과 부드러운 촉감을 즐길 수 있어요. 마리네 액에 타임 몇 개를 담그는 것이 포인트입니다. 타임의 상쾌함과 파프리카의 달콤함이 잘 어울려요. 빨강, 노랑, 주황 파프리카의 색감이 화려해서 손님 대접에도 좋은 메뉴입니다.

Tip ——— 타임 빵가루

타임을 많이 수확했다면 말려서 가루 내어 빵가루와 섞어두세요. 연어, 가리비, 고등어 등 어떤 해산물과도 잘 어울리고, 취향에 따라 마늘 가루, 소금, 후춧가루를 더해도 맛있어요. 이탈리아에서는 생선 허브구이가 대표 요리 중 하나랍니다.

세이지

고기요리와 크림소스에 곁들이면 풍미가 좋아져요

기름진 요리, 돼지고기, 유제품과 잘 어울리는 허브예요. 소시지의 필수품으로 유명하지요. 저는 햄버거에 잘게 썬 잎을 넣어요. 그것만으로 맛에 깊이가 더해져요. 잎이 부드러워 베이컨과 함께 말아도 잘 어울립니다. 카르보나라, 그라탱의 화이트소스를 만들 때도 세이지 생잎을 넣어보세요. p.135의 앙퓨제 순서대로 소스에 향기를 입히면 풍미가 더 좋아져요. 5월의 봉우리는 튀김을 하면 단맛이 더 나고, 꽃잎은 샐러드에 넣기도 합니다.

①

1	세이지 풍미의 두유 전골	냄비에 두유와 육수를 1:1로 붓고 세이지, 로즈메리 등의 허브와 고기, 무 등을 넣어 한소끔 끓인 뒤, 허브를 건져내고 좋아하는 재료를 넣으세요. 카다몬, 쿠민을 넣어도 맛있어요. 식사 후 국물에 리소토를 만들어 먹어도 맛있습니다.
2	살팀보카	이탈리아 향토 요리로, 소금과 후춧가루로 간을 한 돼지 안심을 파르마 생 햄으로 감싸 세이지와 함께 구워냅니다. 요리도 간단하고 맛있어 아이들이 아주 좋아해요. 레드와인 안주로도 일품이지요. 세이지를 함께 굽는 것이 일반적이지만, 저는 구워낸 고기 위에 세이지 생잎을 올리거나, 마지막에 살짝 익히는 정도로 해요. 향도 강하게 느낄 수 있고 보기에도 예쁘답니다.

민트

샐러드로, 음료로 즐기면 여름이 상쾌해져요

열을 가하면 향기가 날아가기 때문에 따뜻한 요리에는 적합하지 않아요. 여러 가지 종류가 있지만, 애플민트가 요리에 쓰기 가장 좋습니다. 화한 느낌이 적고 사과와 비슷한 달달한 향이 있어 토마토 샐러드나 드레싱에 사용해요. 상쾌한 느낌을 원한다면 페퍼민트를, 칵테일 모히토나 시원한 느낌을 좋아한다면 스위스 리콜라 민트나 오데코롱 민트, 워터 민트를 추천합니다. 모두 여름 개화 후에는 잎의 성장이 거의 멈추고 향기가 조금 강해져서, 이 시기에 민트 식초(p.151)를 만들면 상쾌하고 피클에도 잘 어울립니다.

①

1   샐러드 라이스   식초와 설탕을 2:1로 섞어 초밥을 만들고(단맛을 좋아하면 3:2로), 좋아하는 채소와 잘게 썬 민트, 치즈를 넣어 섞기만 하면 돼요. 올리브는 가로로 동그랗게 썰고, 카렌듈라, 네스트리움 등의 꽃잎을 더하면 색감이 좋아져요. 칵테일 잔에 담기만 해도 근사한 손님 접대 요리가 됩니다.

2   민트 시럽   민트로 시럽을 만들어두면 음료나 디저트 등에 활용하기 좋아요. 탄산음료에 넣어 민트 소다를 만들어도 좋고, 생강을 갈아 넣어도 맛있습니다. 빙수의 시럽으로도 활용해보세요.

Tip ——— 또 다른 민트 요리

토마토 샐러드
뜨거운 물에 담가 껍질을 벗긴 토마토에 민트를 잘게 찢어 넣으세요. 찢어 넣으면 향이 더 진해요. 토마토와 민트를 좋아하는 드레싱에 버무리면 됩니다.

나물 무침
살짝 데친 시금치와 차게 한 오이를 고추냉이 간장에 버무리고 페퍼민트 잎을 잘게 찢어 곁들이세요. 맛이 깔끔해 식사 전 애피타이저나 간단한 안주로 좋습니다.

민트 맥주
맥주에 레몬즙과 민트를 더해 민트 레몬 맥주로, 얇게 저민 생강과 민트를 넣어 민트 생강 맥주로 즐길 수 있습니다.

레몬밤

디저트와 술의 품격을 높여요

레몬밤은 가열하면 향기가 순식간에 사라지기 때문에 민트처럼 따뜻한 요리에는 적당하지 않아요. 잎을 잘게 찢어 샐러드에 넣거나, 음료에 은은한 레몬 풍미를 더할 때 사용하세요. 초여름 개화기의 작은 잎을 쓰면 향기가 훨씬 좋습니다. 저는 와인이나 알코올에 레몬밤 잎을 담그는 것을 좋아해요. 유럽의 수도원에서 전해진 리큐르, 샤르트뢰즈와 베네딕틴 등도 레몬밤이 사용되었어요. 둘 다 브랜디에 여러 가지 허브를 넣어 만든 것으로 지금도 생산됩니다. 하루를 편안하고 기분 좋게 마무리하세요.

레몬밤 생크림

향을 입혀 즐기는 것은 식초뿐이 아니에요. 생크림을 거품 내기 전에 조금 데우고 잎을 20분 정도 담가두면 상쾌한 레몬 풍미의 크림이 됩니다. 거품을 내기 전에 잎은 건져내세요. 스콘, 시폰케이크 등 좋아하는 디저트에 곁들이면 좋아요.

Tip —— 또 다른 레몬밤 요리

레몬밤 아이스크림
아이스크림을 만들 때 넣어보세요. 재료를 볼에 넣고 중탕하기 전에 레몬밤 잎을 20분 정도 담가두면 됩니다.

와인 × 레몬밤
중세에 불로장생의 비약으로 사랑받았다는 레몬밤 와인. 아주 맛있어서 마음에 듭니다. 레몬밤은 화이트와인에 곁들이는 것이 보통인데 레드와인도 잘 어울려요. 와인에 잎을 하루 정도 담가두면 적당합니다.

치즈 × 레몬밤
치즈와 레몬밤은 최고의 음식궁합이라고 생각해요. 속는 셈 치고 꼭 모둠 치즈에 레몬밤을 곁들여보세요. 와인과 아주 잘 어울려요. 치즈라면 카망베르, 고르곤졸라, 크림치즈, 리코타, 마스카포네 모두 맛있지요. 치즈와 레몬밤을 핀초(스페인 요리) 풍으로 꼬치로 꿰어 담아보세요. 꿀과 크래커를 곁들여도 좋습니다. 제라늄과 이탈리아 파슬리도 치즈와 잘 어울려요. 모두 한꺼번에 담아내도 좋겠지요.

딜

잘게 썰어 섞기만 하면 돼 쓰기 편해요

샐러드, 피클, 마리네, 생선요리의 기본이 되는 허브예요. 오래 가열하면 풍미가 날아가기 때문에 생으로 사용하거나 마무리에 살짝 가열하는 정도가 좋아요. 어린잎은 부드럽고 맛과 향도 순해서 생으로 먹는 것을 추천합니다. 스크램블드에그, 달걀말이, 키슈, 마요네즈, 타르타르소스, 크림치즈에 잘게 썰어 섞기만 하면 돼요. 간단한 요리에서 더 진가를 발휘하는 허브랍니다. 불꽃 모양으로 피는 꽃은 달고 맛있어서 샐러드에 장식으로 쓰거나 고기요리에 곁들여요. 씨앗은 고소함까지 있어 요리의 풍미를 살려줍니다.

①

1	연어 소테	소테의 마무리 단계에 딜 잎을 넣어 만든 허브 버터를 넣고 살짝 익히세요. 처음부터 허브 버터를 넣고 볶으면 잎이 누레지니 주의하세요.
2	피클	피클을 담글 때 활용하세요. 신선한 딜을 넣는 것으로 풍미가 한층 좋아집니다.
3	허브 버터	실온에 놓아 부드럽게 만든 버터에 잘게 썬 딜을 섞기만 하면 돼요. 비닐 랩을 사용해 막대 모양으로 말아두고 잘라서 사용하세요. 보기에도 좋고 편해요. 말린 딜을 사용해도 맛있어요. 바게트나 샌드위치에도 활용하세요.

카렌듈라

예쁜 오렌지색이 음식의 색감을 살려요

꽃잎은 향이 거의 없지만, 선명한 오렌지색이 요리에 색감을 더해 장식으로 최고예요. 샐러드, 초밥, 수프 등에 올려보세요. 열을 가해도 색이 변하지 않아 오믈렛, 스튜 등에 넣어도 됩니다. 생선이나 고기를 그릴에 구울 때도 듬뿍 묻히세요. 꽃잎을 말려 가루 내어 사프란 대용으로 카렌듈라 라이스를 만들어도 좋아요. 스콘이나 쿠키를 반죽할 때 섞어도 예쁜 색감을 즐길 수 있어요. 같은 국화과의 프렌치 매리골드(p.25), 민들레도 대신 사용할 수 있습니다(사진은 프렌치 매리골드를 사용했어요).

카렌듈라 경수채 무침   경수채, 시금치 등을 무칠 때 신선한 꽃잎을 조금 섞어보세요. 선명한 오렌지색이 돋보여요. 국화과의 특징이기도 한, 은은한 단맛과 쌉쌀한 맛이 잘 어우러집니다.

바질

씨앗은 미용 & 다이어트 식품이에요

오랫동안 익히는 요리에는 적합하지 않지만, 샐러드, 파스타, 피자, 마리네, 볶음 등의 요리에 유용해요. 올리브 오일에 바질 잎을 1주일 정도 담가두면 바질 향의 허브 오일이 됩니다. 드레싱이나 파스타에 사용하세요. 씨앗을 물에 불리면 젤리처럼 부풀어 오르는데(p.30 사진 참고), 코코넛 밀크나 요구르트에 곁들이면 동남아시아 풍의 디저트가 돼요. 정장작용, 미용 효과도 있답니다. 치아시드 정도의 영양소에는 미치지 못하지만, 훨씬 경제적입니다.

Tip ―― 바질 페이스트

잘게 다진 바질, 올리브 오일, 소금, 다진 마늘의 조화가 매력적이에요. 믹서를 이용하면 더 부드럽게 만들 수 있어요. 냉장 보관도 가능하답니다. 파스타, 토스트, 작게 썬 토마토와 함께 브루스케타로 즐기면 좋아요.

문어 브로콜리 샐러드

삶은 문어와 아보카도, 브로콜리를 바질 페이스트로 버무린, 간단하지만 먹음직스러운 샐러드예요. 차게 식혀서 화이트 와인과 함께 드세요.

Herb Seasonings
간단하게 만드는 허브 양념

직접 키운 허브로
나만의 양념을 만들어보세요.
요리의 풍미가 살아나요.

허브 오일

생 허브도 말린 허브도 좋아요. 열탕 소독한 유리병에 올리브 오일을 붓고 좋아하는 허브를 담그세요. 1~2주 정도 두었다가 건져냅니다. 생 허브를 사용하면 수분이 남아있거나 기름에 완전히 잠기지 않았을 경우 그 부분에 곰팡이가 생길 수 있어요. 가볍게 씻어 물기를 완전히 제거하고 나서 사용하세요. 마늘, 청양고추 등 향신료를 더하면 풍미가 좋아집니다.

허브 식초

열탕 소독한 병에 식초(쌀 식초, 와인 식초 등)를 붓고 생 허브를 담가 1~2주 정도 두었다가 건져내세요. 드레싱, 초무침에 잘 어울립니다. 타임 꽃이나 히비스커스를 담그면 고운 핑크빛으로 물듭니다.

허브 된장

좋아하는 생 허브를 잘게 썰어 된장, 맛술, 식초와 섞어 5시간 정도 재두세요. 고기, 생선에 발라서 그릴에 굽거나 쌈장으로 곁들이면 좋아요. 마요네즈와 섞어 신선한 채소나 차가운 샤부샤부를 찍어 먹어도 맛있습니다.

허브 간장

허브를 간장에 담가 5~6시간 정도 재두세요. 허브는 생것, 말린 것 다 좋습니다. 타임을 추천해요. 생선회에 아주 잘 어울리고, 조림요리에 조금 넣어도 풍미가 좋아집니다.

허브 소금

좋아하는 드라이 허브를 칼로 잘게 다지거나 믹서 또는 요리용 절구로 곱게 갈아 천연 소금과 섞으세요. 타임, 로즈메리, 오레가노, 바질 등이 소금과 잘 어울립니다. 닭고기, 새우, 생선뿐만 아니라 감자나 채소를 그릴에 구울 때 뿌려도 아주 맛있어요. 드레싱에도 활용해보세요.

from Ogoto herb garden ── 오고토 허브 가든 이야기

오미 오고토 허브 가든,
이런 곳입니다

제가 활동하는 이곳이 오미 오고토 허브 가든입니다. 웅장한 산과 호수로 둘러싸인 지역에 있는 작은 정원이에요. 자연을 만끽할 수 있는 곳으로, 작은 언덕에 있는 가든 입구와 건물 옥상에서 아름다운 호수가 내려다보여요.

여기에서는 근처의 논밭을 빌려 유기농법으로 허브를 기르고, 현지에서 자생하는 허브를 관리해요. 허브는 눈으로 즐기기보다 활용하는 식물이에요. 몸에 좋은 것을 안심하고 사용하고 싶어 모두 무농약으로 재배하고 있어요. 가든 외에도 9곳에 논밭이 있어 채소와 콩, 보리, 쌀도 기릅니다.

근처 농가의 농작물을 사용해 녹색 교육(식물이나 농업, 자연환경에 흥미를 갖게 하는 교육 활동)을 하고, 아직 알려지지 않은 식물의 효능이나 사용법을 연구해 생활에 유용한 상품도 개발해요. 허브·아로마테라피 전문가를 양성하는 학교도 운영합니다.

www.ogotoherbgarden.com

생산한 곳에서 소비하는 로컬 피토테라피

예전에 저는 '긴장을 풀 때는 라벤더, 기분 전환에는 페퍼민트, 혈액순환 촉진에는 로즈메리'라는 식으로 마치 방정식처럼 외워서 피토테라피를 즐겼어요. 그러던 제가 이런 것에 의문을 갖게 된 것은 직접 밭에서 허브를 키우기 시작하면서부터예요. 기후나 기온, 고도, 습도 등 식물이 자라는 환경은 인간이 조절하는 게 아니라는 것을 깨달았어요. 식물은 그 땅의 토양이나 물, 환경에 맞게 자랍니다. 그 과정에서 식물마다 개성이 생겨 조금씩 약효가 바뀌어가는 거예요. 피토테라피도 같은 지역에서 자란 허브를 사용하면 신기하게 더 잘 맞아요. 그래서 우리는 '우리 지역에서 생산하고 소비하는 식물요법, 피토테라피'를 활동 방침으로 삼고 있습니다.

이곳에서는 동료들도 저도 흥미가 느껴지면 무엇이든 시도합니다. 책에는 나오지 않은 용도도 시도해보고, 때로는 가족을 대상으로 실험해보기도 해요. 그러면서 경험한 것, 느낀 것을 식물이 주는 메시지라고 여기며 활동하고 있습니다.

가든 안에 연구실도 있어요. 그곳에서 에센셜 오일과 비누 등 허브·아로마 제품을 직접 다루고 가공해요. 하지만 일부 제품의 가공은 장애가 있는 지역 사람들의 도움을 받기도 하죠. 주방에서는 프랑스식 잼과 맛있는 허브 디저트를 만듭니다. 계절마다 워크숍도 개최하고 있어요. 나만의 허브 향신료 만들기, 밭에서 기른 무농약 콩으로 된장 만들기, 근처 농가에서 딴 하귤로 절임과 폰즈 만들기, 초목염색, 농약을 사용하지 않는 벌레 퇴치법 강의, 가든에서 기르는 양들의 털 깎기와 털실 뽑기 등 아주 다양합니다.

다양한 허브 체험, 토요일 시장

오고토 허브 가든이 제안하는 '녹색 교육'을 체험할 수 있는 행사로, 1년에 두 번 봄가을에 열려요. 평소에는 예약제로 정원을 공개하는데, 이날은 예약도 입장료도 없이 누구나 정원을 견학할 수 있어요. 유기농으로 재배한 허브와 모종, 지역 농가가 기른 농산물을 직판장에서 살 수 있고, 그 외에 스태프가 진행하는 허브 화장품 만들기, 여러 허브를 조화롭게 심어보기, 녹색과 향기의 학교 '티아라' 학생들이 진행하는 아로마 트리트먼트 등 다양한 방법으로 허브를 즐길 수 있습니다. 침과 뜸을 이용한 피토테라피도 체험할 수 있어요. 어린이와 부모가 함께하는 워크숍도 풍성하답니다.

녹음이 가득한 진입로에서는 가든에서 수확한 허브와 근처 농가에서 키운 농작물 그리고 집에서 만든 잼과 아침에 구운 스콘 등을 판매합니다.

Picnic

Lesson

Treatment

손 마사지와 빌바디 마사지 등도 진행해요. 아로마 향초, 리스 만들기 등 워크숍도 매번 다르고, 핼러윈 기간에는 모든 직원이 마녀로 변신해 손님맞이를 했답니다.

유기농을 배우는 시간, 농사짓는 날

오고토 허브 가든에는 '농사짓는 날'이 있어요. 허브와 농작물 재배, 흙 만들기에 관심 있는 사람들이 가든의 농사에 참여하는 행사예요. 농약, 화학비료, 제초제를 사용하지 않고 재배하는 농지가 서서히 늘고 있지만, 아직은 미미합니다. 제가 처음 유기농 농가에서 벼농사를 배우기 시작했을 때 농부와 농사일을 함께 하면서 배운 것이 이루 말할 수 없이 많았어요. 이번에는 '내가 그런 좋은 기회를 제공하자'는 생각으로 시작했습니다.

증류용 라벤더 따기, 로즈메리 밭에서 잡초 뽑기, 논에서 피 뽑기 등 혼자서는 단순하고 지루해지기 쉬운 작업도 이야기를 나누면서 하면 순식간에 끝이 나요. 참가자들은 "재충전되었어요", "집에서 할 수 없는 좋은 경험이었어요"라며 느낀 점을 나누고, 직원들에게 재배나 흙 만들기에 대해 질문도 열심히 합니다.

주변 농가가 안고 있는 심각한 문제를 해결하는 것 또한 이 활동으로 기대하는 작은 바람이에요. 우리가 논밭을 빌려 농사짓고 있는 마을은 예부터 계단식 농업이 번성했던 곳인데, 지금은 방치된 농지가 많아요. 작은 힘이지만 새로운 농업 형태, 농업의 즐거움, 자급자족의 가치를 알려, 다음 세대에는 농업에 흥미를 느끼는 사람들이 더 많이 모여들기를 바랍니다.

몇 년 년부터 쌀농사도 시작했어요. 농약도 화학비료도 제초제도 사용하지 않아요. 농토를 만들고 김매는 작업은 매우 힘들지만, 수확량보다 안심하고 먹을 수 있는 쌀을 기르는 데 정성을 다하고 있어요. 그래서 더욱더 맛있답니다.

논밭 작업은 오전 중에만 하고, 그 후에는 직원들이 만든 점심을 참가자들과 나눠 먹어요. 함께 땀 흘리고 함께 먹는 옛날 방식이지요. 때로는 오후부터 식물 공부를 하기도 해요. 누구라도 참가할 수 있습니다.

오미 오고토 허브 가든의 일상

1 로즈메리 효모, 순조롭게 발효 중. 빵 만들기에 사용할 예정입니다. 2 지역 농가에서 하귤을 수확 중입니다. 3 하귤 폰즈, 감귤류 양념 만들기 워크숍. 4 흐드러지게 핀 벚꽃 향기를 담은 증류수를 만들고 있습니다.

5 올해 허브 쌀에 도전. 증류 후에 나온 제라늄과 로즈메리를 뿌렸습니다. 6 호수를 바라다보며 밭농사를 합니다. 7 애니시다 꽃 수확 중. 외용으로 크게 활약하는 허브입니다. 8 양털 깎기를 마친 말쑥한 양들. 9 애니시다와 라벤더로 처음 하는 허브 염색. 앞치마를 만드는 중입니다.

10 주말 한정 아티초크 축제. 직접 수확하고, 화장품도 직접 만들었습니다. 11 작은 꽃잎들이 귀여운 아티초크 꽃. 12 만개한 라벤더. 증류하고 말리고 일손이 바쁜 계절의 일상입니다. 13 가을 과일과 허브 타르트. '길러서 먹자! 허브 디저트 강좌' 시제품. 14 로즈힙 열매가 물들기 시작했습니다.

15 핼러윈 버전의 비누. 16 중세 귀족이 몸에 지녔던 포만다를 오고토산 유자와 향신료로 만들었습니다. 향기로 마귀를 쫓고 질병을 예방하는 부적으로. 17 가든의 폭신폭신한 낙엽 융단. 18 유칼립투스와 사이프러스로 리스 만들기.

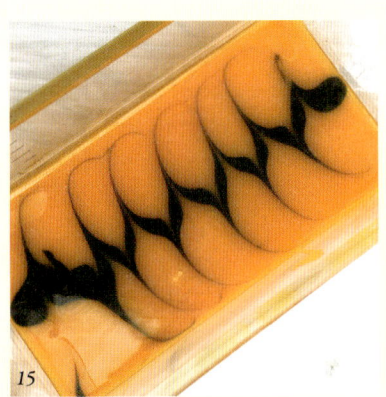

12월

• 리스컴이 펴낸 책들 •

• 요리

맛있는 밥을 간편하게 즐기고 싶다면
뚝딱 한 그릇, 밥
덮밥, 볶음밥, 비빔밥, 솥밥 등 별다른 반찬 없이도 맛있게 먹을 수 있는 한 그릇 밥 76가지를 소개한다. 한식부터 외국 음식까지 메뉴가 풍성해 혼밥으로 별식으로, 도시락으로 다양하게 즐길 수 있다. 레시피가 쉽고, 밥 짓기 등 기본 조리법과 알찬 정보도 가득하다.
장연정 지음 | 188쪽 | 188×245mm | 14,000원

레스토랑에서 인기 많은 이탈리아 가정식
파스타와 샐러드
외식 메뉴로 인기인 파스타와 샐러드, 피자, 리소토 등 다양한 이탈리아 요리를 담았다. 우리 입맛에 잘 맞는 응용 레시피와 정통 이탈리아 레시피를 함께 소개한다. 조리법이 쉬울 뿐 아니라 파스타, 치즈, 허브 등의 재료와 맛내기 방법, 응용 팁까지 친절하게 알려준다.
최승주 지음 | 168쪽 | 188×245mm | 14,000원

요알못, 바쁜 직장인, 맞벌이도 쉽게 해먹을 수 있는
대한민국 대표 집밥 레시피 372
경제적이고 풍성한 식탁을 위한 요리책. 일 년 동안 먹을 수 있는 370여 가지 요리가 담겨있다. 월별로 나누어 봄·여름·가을·겨울에 어울리는 제철 식품으로 만든 다양한 요리를 소개한다. 요일별로 아침, 저녁 식단이 있어 반찬 걱정 없이 고른 영양 섭취를 할 수 있다.
손성희 지음 | 288쪽 | 188×245mm | 15,000원

내 몸이 가벼워지는 시간
샐러드에 반하다
한 끼 샐러드, 도시락 샐러드, 저칼로리 샐러드, 곁들이 샐러드 등 쉽고 맛있는 샐러드 레시피 64가지를 소개한다. 각 샐러드의 전체 칼로리와 드레싱 칼로리를 함께 알려줘 다이어트에도 도움이 된다. 다양한 맛의 45가지 드레싱 등 알찬 정보도 담았다.
장연정 지음 | 184쪽 | 210×256mm | 14,000원

그대로 따라하면 엄마가 해주시던 바로 그 맛
한복선의 엄마의 밥상
일상 반찬, 찌개와 국, 별미 요리, 한 그릇 요리, 김치 등 웬만한 요리 레시피는 다 들어있어 기본 요리실력 다지기부터 매일 밥상 차리기까지 이 책 한 권이면 충분하다. 누구든지 그대로 따라 하기만 하면 엄마가 해주시던 바로 그 맛을 낼 수 있다.
한복선 지음 | 312쪽 | 188×245mm | 16,000원

정말 쉽고 맛있는 베이킹 레시피 54
나의 첫 베이킹 수업
기본 빵부터 쿠키, 케이크까지 초보자를 위한 베이킹 레시피 54가지. 바삭한 쿠키와 담백한 스콘, 다양한 머핀과 파운드케이크, 폼 나는 케이크와 타르트, 누구나 좋아하는 인기 빵까지 모두 다 담겼다. 베이킹을 처음 시작하는 사람에게 안성맞춤이다.
고상진 지음 | 216쪽 | 188×245mm | 14,000원

매일 밥상에서 챙길 수 있는 건강식 83가지
면역력 키워주는 우리 가족 건강식
집에서 쉽게 만들어 먹을 수 있으면서도 면역력을 키워주는 83가지 음식들을 소개한다. 원기회복에 좋은 전통 건강식, 평소 밥상에서 건강을 챙길 수 있는 간단 건강식, 성인병을 예방하는 저염 저칼로리 건강식, 면역력을 길러주는 약선 차·죽까지 몸에 좋은 레시피로 가득하다.
한복선 지음 | 184쪽 | 188×245mm | 13,000원

천연 효모가 살아있는 건강 빵
천연발효빵
맛있고 몸에 좋은 천연발효빵을 소개한 책. 홈 베이킹을 넘어 건강한 빵을 찾는 웰빙족을 위해 과일, 채소, 곡물 등으로 만드는 천연발효종 20가지와 천연발효종으로 굽는 건강빵 레시피 62가지를 담았다. 천연발효빵 만드는 과정이 한눈에 들어오도록 구성되었다.
고상진 지음 | 200쪽 | 210×275mm | 13,000원

만들어두면 일주일이 든든한
오늘의 밑반찬
누구나 좋아하는 대표 밑반찬 79가지를 담았다. 가장 인기 있는 밑반찬을 골라 수록했기 때문에 반찬을 선택하는 고민을 덜어준다. 또한 79가지 밑반찬을 고기, 해산물 해조류, 채소 등 재료별 파트와 장아찌·피클 파트로 구성하여 쉽게 균형 잡힌 식단을 짤 수 있도록 돕는다.
최승주 지음 | 152쪽 | 188×245mm | 12,000원

부드럽고 달콤하고 향긋한 8×8가지의 슈와 크림
내가 가장 좋아하는 슈크림
누구나 좋아하는 부드러운 슈크림 레시피북. 기본 슈크림부터 화려하고 고급스러운 슈 과자 레시피까지 이 책 한 권에 다 담았다. 레시피마다 20컷 이상의 자세한 과정사진이 들어가 있어 그대로 따라 하기만 하면 초보자도 향긋하고 부드러운 슈크림을 만들 수 있다.
후쿠다 준코 지음 | 144쪽 | 188×245mm | 13,000원

• 건강

영양학 전문가의 맞춤 당뇨식
최고의 당뇨 밥상
영양학 전문가들이 상담을 통해 쌓은 데이터를 기반으로 당뇨 환자들이 가장 맛있게 먹으며 당뇨 관리에 성공한 메뉴를 추렸다. 한 상 차림부터 한 그릇 요리, 브런치, 샐러드와 당뇨 맞춤 음료, 도시락 등으로 구성해 매일 활용할 수 있으며, 조리법도 간단하다.

마켓온오프 지음 | 256쪽 | 188×245mm | 16,000원

• 취미 | 생활

일상에서 벗어난 삶
오프 그리드 라이프
번잡한 도시에서 벗어나 자연에 독특한 집을 짓고 살아가는 사람들의 이야기. 세계 곳곳에서 자신의 속도대로 사는 사람들과 그들의 집을 250여 컷의 사진에 담았다. 나무 위의 집, 컨테이너 하우스, 천막집, 보트 하우스, 트레일러, 밴 등 다양한 주거 형태를 보여준다.

포스터 헌팅턴 지음 | 천세익 옮김 | 248쪽 | 178×229mm | 16,000원

아침 5분, 저녁 10분
스트레칭이면 충분하다
몸은 튼튼하게 몸매는 탄력 있게 가꿀 수 있는 스트레칭 동작을 담은 책. 아침 5분, 저녁 10분이라도 꾸준히 스트레칭하면 하루하루가 몰라보게 달라질 것이다. 아침저녁 동작은 5분을 기본으로 구성하고 좀 더 체계적인 스트레칭 동작을 위해 10분, 20분 과정도 소개했다.

박서희 지음 | 88쪽 | 215×290mm | 8,000원

내 체형에 맞춘 사계절 옷
세련되고 편안한 옷 만들기
가벼운 면 원피스부터 따뜻한 울 바지와 코트까지 품이 넉넉해 편하면서도 날씬해 보이는 24가지 옷을 소개한다. 모든 작품의 실물 크기 패턴을 수록하고 일러스트와 함께 자세히 설명해 누구나 쉽게 따라 할 수 있다. 유행을 타지 않아 언제 어디서나 즐겨 입을 수 있다.

후지츠카 미키 지음 | 호리에 마사코 옮김 | 118쪽 | 210×257mm | 14,000원

라인 살리고, 근력과 유연성 기르는 최고의 전신 운동
필라테스 홈트
필라테스는 자세 교정과 다이어트 효과가 매우 큰 신체 단련 운동이다. 이 책은 전문 스튜디오에 나가지 않고도 집에서 얼마든지 필라테스를 쉽게 배울 수 있는 방법을 알려준다. 난이도에 따라 15분, 30분, 50분 프로그램으로 구성해 누구나 부담 없이 시작할 수 있다.

박서희 지음 | 128쪽 | 215×290mm | 10,000원

쉬운 재단, 멋진 스타일
내추럴 스타일 원피스
직접 만들어 예쁘게 입는 나만의 베이직 원피스. 여자들의 필수 아이템인 27가지 스타일 원피스를 자세한 일러스트 과정과 함께 상세히 설명했다. 실물 크기 패턴도 함께 수록되어있어 재봉틀을 처음 배우는 초보자라도 뚝딱 만들 수 있다.

부티크 지음 | 112쪽 | 210×256mm | 10,000원

면역력의 오해와 진실
내 몸속의 면역력을 깨워라
면역력에 죽고 면역력에 사는 시대. 국민주치의 이승남이 우리 몸속 면역 시스템을 알기 쉽게 설명한다. 식습관부터 생활습관까지 면역력을 높이는 데 필요한 것은 물론 면역력에 대한 오해와 진실을 명쾌하게 알려줘 생활 속 잘못된 습관을 바로 잡고 면역력을 높일 수 있다.

이승남 지음 | 304쪽 | 152×225mm | 15,000원

우리 주변의 아름다운 모습 40가지
즐거운 수채화 그리기
초보자부터 숙련자까지 취미로 수채화를 배우는 사람들에게 좋은 교재. 40가지 테마의 수채화 그리기가 자세히 소개되어있다. 각 테마마다 그리기 순서에 따른 상세한 설명이 소개되어 실력에 맞는 그림을 선택해 그릴 수 있다.

에마 블록 지음 | 216쪽 | 188×200cm | 15,000원

젊음과 건강을 유지하는 방법
착한 비타민 똑똑한 미네랄
대부분의 현대인이 비타민·미네랄 결핍을 겪고 있다. 다들 한두 가지 영양제는 복용하고 있지만 '대충' 먹는다. 같은 성분이라도 성별과 연령, 증상에 따라 골라 먹어야 효과를 볼 수 있다. 국민 주치의 이승남 박사가 맞춤처방전을 제시한다.

이승남 지음 | 184쪽 | 152×255mm | 10,000원

작은 공간을 두 배로 늘려주는
정리와 수납 아이디어 343
'숨은 공간'을 활용해서 정리와 수납을 완성하도록 도와주는 책. 물건을 줄이지 않아도 쾌적한 집을 만들어주는, 수납 전문가들의 노하우가 한가득 담겨있다. 다양한 사례가 사진과 함께 자세히 나와 있어 곳곳의 숨은 아이디어를 한눈에 배울 수 있다.

오렌지페이지 지음 | 128쪽 | 210×275mm | 10,000원

유익한 정보와 다양한 이벤트가 있는
리스컴 블로그로 놀러 오세요!

홈페이지 www.leescom.com
블로그 blog.naver.com/leescomm
인스타그램 instagram.com/leescom

오늘, 허브를 심자

허브와 함께하는 생활

지은이 야마모토 마리
옮긴이 이민숙
촬영 야마자키 요시노리
요리 어시스트 이와모토 리카
일러스트 호시노로빈
일본어판 디자인 오오타 히로아키
협찬 오미 오고토 허브 가든

편집 김연주 강지예
디자인 김미언
마케팅 김종선 이진목
경영관리 서민주

인쇄 금강인쇄

초판 인쇄 2021년 5월 20일
초판 발행 2021년 5월 25일

펴낸이 이진희
펴낸곳 (주)리스컴

주소 서울시 강남구 밤고개로 1길 10, 수서현대벤처빌 1427호
전화번호 대표번호 02-540-5192
　　　　　 영업부 02-540-5193
　　　　　 편집부 02-544-5922, 544-5933
FAX 02-540-5194
등록번호 제2-3348

이 책은 저작권법에 의하여 보호를 받는 저작물이므로
이 책에 실린 사진과 글의 무단 전재 및 복제를 금합니다.
잘못된 책은 바꾸어 드립니다.

ISBN 979-11-5616-214-8 13510
책값은 뒤표지에 있습니다.